蔡蕙頻 著

好美麗株式会社

趣談日治時代粉領族

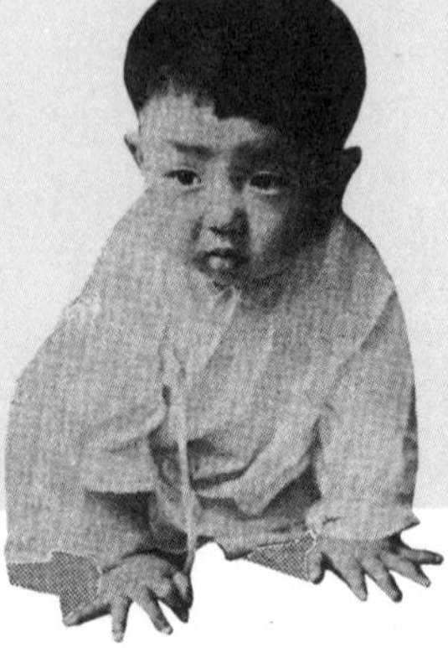

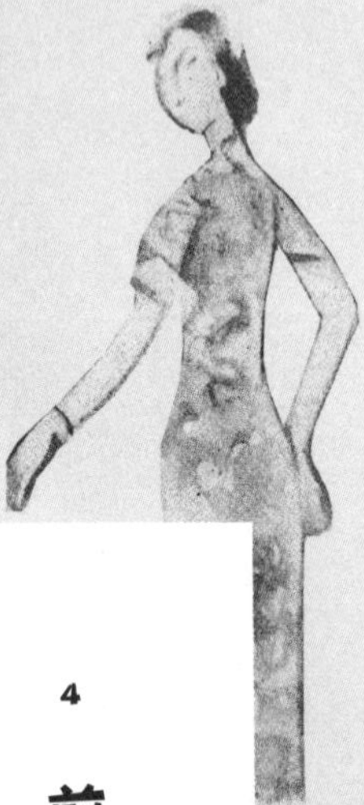

國產唯一のバス專用車 扶桑號

FORTON

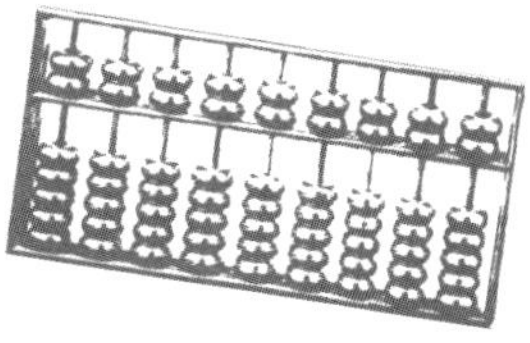

前言

職業婦人三百萬、藝娼妓除外

根據大正九年的調查，民間工場女工共八十四萬六千餘人，官營工場女工約五萬人，礦山勞役婦十萬八千人，從商婦人十七萬五千人，遞信省交換生通信員三萬二千人，鐵道省事務員雜役婦約八千人，小學校女教師約七萬人，宗教傳道者一萬三千人，海女等人三十一萬六千人，農業勞動者一百四十餘萬人，其他尚有女醫、車掌、打字員、產婆、護士、女記者等，總人數十分驚人，粗估超過三百萬人。

一九二二年十月某日，林某翻開報紙，看到這則標題寫著「職業婦人三百萬、藝娼妓除外」的新聞，驚訝得連嘴裡的一口茶都哽在喉裡吞不下去。林某也許偶聞街頭巷尾誰家的女孩公學校畢業後上班賺錢，幫忙養家，或是某人的女兒正在學編大甲蓆帽補貼家用，但三百萬這個總人數，實在是太驚人了。

三百萬真的很驚人，因為那是全日本職業婦女的統計數字，當年全臺灣人口也不過近四百萬人。

然而，儘管臺灣的女性就業人口不像日本那麼多，不到三百萬之數，卻也真不少。曾經，女人被人笑是「無為徒食」，不會做，只會吃，感覺既低俗、低等又低能，但到了日治時期，女人可沒麼弱勢！不說你不知，她們脫下家事圍裙，穿上摩登，腳踩時尚，做好亮麗的妝髮，跨出家門上班去，她們是車掌，是老師，是電話接線生，是產婆，是護士，更是許許多多那些你想都沒想過的摩登女子，連選擇的職業都超乎你想像！

但是，你有沒有想過，百年前的復古版粉領族到底長什麼樣子？人家說，認真的女人最美麗，那時候女人的認真，到底又能獲得多少的待遇？除了那份薪水，她們還想要或得到什麼？從「本小姐」到「老娘」，一次人生身分的轉變，她們又得做出多少犧牲？

新舊交陳本來就是歷史的況味，但誰說往事只能回味？不要感嘆春光易逝人易老，走進「好美麗株式會社」，一起重遊不凡女子的精采人生！

半推半就

走出家庭，走入社會

如果你想起日治時期的女子，會不自覺聯想到「勿忘影中人」的復古氛圍，那種雙頰緋紅，側著身，淺淺微笑的氣質美人，其實一點也不過分。但是，她們也不完全是有氣質地淺笑的，這些年輕女子走出家庭，走入社會，全身上下都散發著一種陽光不陰鬱、外向不三八、溫柔卻堅毅的青春氣息。

不過如果你這樣形容她們，她們一定會帶著不解的眼神，就像在說：「是我嗎？」唯有了解那個年代的教育、產業、文化、社會風氣等歷史背景，你才會了解為什麼是她們，也一定會說：「怎麼可能不是妳？」

就讓我們先來看看日治時期「粉領族」的歷史背景吧。

眾裡尋「她」

如果有工作的女人就可以稱為「就業女性」或「職業婦女」，那大概再古遠的年代也有她們的身影，畢竟古今中外，哪個時代的女人不用勞動？在家幫忙農務是義務，沒收入；生養孩子是義務，沒收入；操持所有家務是義務，沒收入。所謂的「職業婦女」要有獨立的收入，不單純指勞動女性而已。

按照這樣的標準與定義，當英國在十八世紀中葉進入工業革命的年代——器械的進

臺灣傳統農家。早期女人在家中操持家務、參與農活是沒有獨立收入的。

步使得大量且迅速的生產成為可能，再加上越來越便捷的交通網絡，倫敦成為最有「錢」景的希望之都——大量的人口自然就投入了就業市場，連帶也促使女性投入其中，一批批年輕女子認真工作，期待著明天一早醒來，世界就會不一樣。

西方世界如此，東洋不免腳步慢一些。日本直到第一次世界大戰後才誕生「職業婦人」一詞。當時的女子教育雖仍處於幼稚階段，但怎麼說也較過去來得發達不少，多少啟發了知識，增加了能力，提升了內涵。明治維新後的日本亦因產業發達造成人口快速增加，家庭經濟的壓力同樣驅使著女性走上求職之路。

東洋和西洋，都因為產業的發達與

教育的普及，促成了令人耳目一新的「職業婦女」，歷史上第一批女性上班族。

臺灣呢，和西方與日本有點一樣又有點不一樣。相同之處在於，產業和教育依然是讓臺灣女子亮麗登場的時代驅力；不同的是身為殖民地，且與殖民母國日本分屬不同民族，臺灣還有著特殊的文化及語言問題。

殖民地之歌：拯救臺灣囧財政

不同於西方列強基於消化本國人口膨脹的壓力與擴大市場需求的動機而走向帝國主義，日本在明治維新後才逐漸發展為帝國主義，以求自保、免於西方列強辣手，因此努力自我膨脹，進入列強的秩序之中。在這樣不成熟的經濟體質下，十九世紀末日本將臺灣拿到手雖然贏了面子，擺在眼前的卻是一個陌生且沉重的裡子。為了把臺灣變成賺大錢的金雞母，日本決定先透過諸多調查好好了解臺灣，再投資大量的金錢打造臺灣的基礎建設。由於這些支出一開始都得依靠日本本國的財政撥付，臺灣內部又有各地的抗日烽火狂燒政府的軍事支出，日本還得面對一九〇五年日俄戰爭帶來的龐大軍費壓力，因此在日治初期，對日本來說，臺灣實在是個不可承受之重。

總督府在臺灣一邊調查、一邊鎮壓，同時展開多項基礎建設，像是金融環境。一九〇〇年巴黎的艾菲爾鐵塔剛剛落成，但早在前一年的一八九九年，臺灣銀行即在臺成立，貨幣、度量衡等金融環境的整備，不僅促使臺灣的財政度過風雨飄搖的時期，更在一九一〇年代中期真正獨立，不再依靠日本本國補助，為日後臺灣的產業發展構築出一個基本環境。

又像是交通建設。歷史的推移或潛移默化，有些成分的發酵是很安靜的，表面上看只是多了一樣不起眼的元素，卻對社會變遷產生極大影響，就這點來說，沒有什麼比交通建設更具代表性。

交通建設不只是靠年代和里程數據，其影響光從年代與數據看不出重要性，讓我們加入臺灣特殊的地理環境來看。陡峻的山脈與東西向的河流走向，將臺灣切割為以東西橫向活動的地理空間，河川的南北阻隔，再加上各地之間的交通建設未臻成熟，使得過去商品的銷售範圍相當有限。

一九〇八年臺灣西部幹線通車，基隆、高雄港也都陸續被總督府打造為機能完整的港灣，再加上火車與道路的相輔相成，臺灣的交通網越來越完整、綿密。有了連結南北的交通建設來配合，物資的流通範圍擴大了，原料與商品都更具競爭力，產業也就活絡了起來。

市場打開了，需求擴大了，產業的細緻化自然越來越明顯。一九〇五年臺灣實施戶口調查，登記的職業僅有七大類一百八十二種，到了一九三〇年的國勢調查，臺灣的職

「新春的快樂之旅！」交通建設打破了長久以來南北阻隔的地方發展，擴大了貿易和人的活動範圍，造成了市街興起與產業的細緻化。

臺灣銀行券。伴隨著銀行、貨幣等金融制度的整備，臺灣的經貿環境逐漸成形，也為日後產業發展打下基礎。

業已經分成十大類三百七十六種。舉例來說，在一九三〇年這次調查中，「店員」、「車掌」、「電話交換手」等，都是一九二〇年第一回臺灣國勢調查中所沒有的職業類目，至少在一九二〇年，它們的從業人數還沒有多到足以獨立出來的醒目程度，但一九三〇年時，已經不容小覷。

欣欣向榮：產業的發展與細緻化

交通發達同樣影響了人口分布。「請借問播田的田庄阿伯啊，人塊講繁華都市臺北對叨去」，因為「雖然無人替阮安排將來代誌，阮想要來趕都市做著女工度日子，也通來安慰自己心內的欲微。」孤女的願望，是孤身到繁華的臺北當女工營生，因為都市裡有夢。

一九〇七年的臺灣，居住在人口數達一萬以上的「市街」者約四十五萬人，村落的人口超過二百六十五萬人，兩者之間有著將近一比六的懸殊比例；十多年後，一九二〇年的市街人口已經攀升到接近百萬人，村落人口卻只比十三年前些微增加到二百六十六萬人，兩者之間的比例已經大幅拉近到不到一比三。

都市人口變多不是因為大家往都市集中，而是市街的數量急速增加了。到處都有的市街雖然腹地有限，集結起來卻醞釀出龐大的消費市場，拉大了城鄉之間職業屬性上的差距。

一九〇五年，臺北、臺中、臺南三個都會的就業人口超過四成從事商業及交通業，其他地區從事這類產業的人數還不到當地就業總人口的一成。相反地，鄉村地區從事農牧林礦等一級產業者將近就業人口的八成，但都市僅百分之二。根據一九三七年的調查記載，城市中的服務業包含鐵公路、人力車、郵遞電信等交通業，洗衣成衣、照相、旅館、食堂酒家、理髮業、電影戲院、遊藝場等生活服務業，律師、宗教、衣物等自由業，洗衣工、裁縫工、清掃雜役等家事服務業，以及軍公教人員，鄉村的產業則依舊以農業占絕大多數。

另一方面，來自西方世界的發明也在此時源源不絕地進入臺灣，電話、汽車、打字機等現代化設備的發明與改良，以及西式醫療、教育等社會環境的改變，更適時提供了女性就業的好環境。如果不是躬逢這個技術發明的大時代，臺灣女性的就業選擇不會這麼精采。

不吝指教：廣開基礎教育

臺灣為什麼要到日治時期才出現大量又多元的女性上班族，還有一個不能不談的動力：教育。

工業革命雖然帶給西方女性工作機會，但如果不識字，就只能選擇不需智識的勞動工作，停留在社會底層，教育才是讓女性從底層向上爬的階梯。

在清治時期臺灣行之有年的舊慣中，女性幾乎可說是男性的附屬品，婚前附屬於父母親，婚後則屬於夫家，所謂「萬般皆下品，唯有讀書高」只存在於男性之間，除了少數富家千金在家長支持下學習琴棋書畫之外，多數女性並沒有辦法接受教育。而且此時女子教育的重心放在婦德的養成，富家千金們學習的目的並不是擁有更好的技能與更高的社會地位，而是為了將來談論婚配時有上得了廳堂的條件。除此之外，基督教徒也得以受西式教育，但畢竟是少數。

多數女性的「不受教」並非拒絕受教，而是沒有教育的環境和觀念。

近代教育制度的建立，以及教育設施的大規模整備，還是要等到日治時期以後。以臺灣人主要就讀的公學校來說，一九一〇年全臺灣共有二百一十四所公學校，共有三萬八千餘名學生，女學童有將近三千五百名。主授習字、背誦等傳統教育的書房也有六百零三所，學生一萬四千餘名。到了一九三五年，公學校數量已經增加到七百八十一所，該年度就學學童高達三十六萬五千餘人，而且這還不含二十多年來已經畢業的人數。如果再了解臺灣社會教育的廣泛面向，就知道社會上還有很多學習日語的潛藏人口。

學童人數之所以成長，總督府當局當然或軟或硬地從中用了不少力，但是民眾也逐漸感受到教育所帶來的改變，有了學歷，社會階層就有了向上提升的可能，大家漸漸地接受了西式教育，期盼教育會讓明天變得更好。

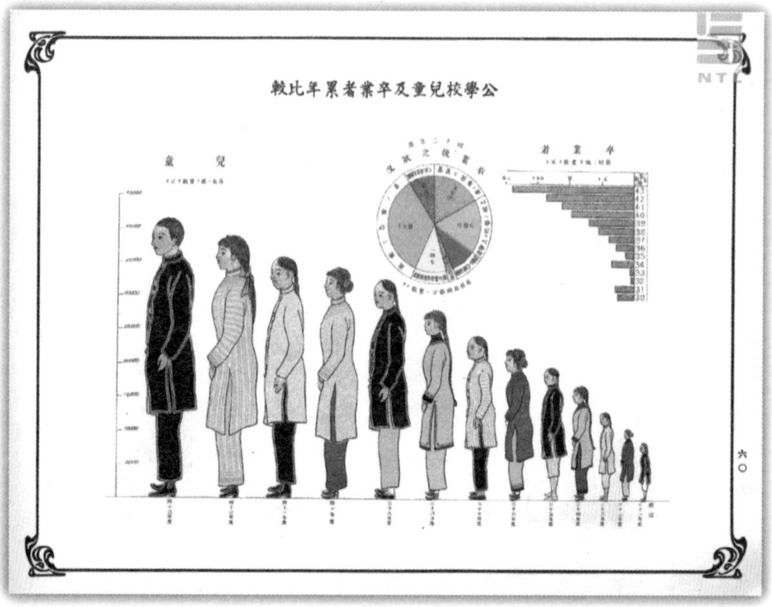

公學校學童就學比較表。由右至左，以學童身高表示1898年至1910年就學人口。由圖可知受教育的人口逐年增加。

某種程度來說，公學校的基礎教育讓臺灣人擁有臺語和日語的「雙語」能力，雖然即使從公學校畢業也沒辦法達到說聽讀寫樣樣強的程度，但對於不需要特定專業的職業來說，擁有基礎日語能力，已經大大提高了臺灣人就業的籌碼。一定有人會說，隨著統治日久而逐年攀高的就學率與識字率是日本官方為了美化統治結果而膨脹數字的結果，我們不能否認數字可能灌水說假話，但教育確實擴大了具有足以就業的基礎學歷人口，這是不爭的事實。就女性就業這件事而言，多數的職業在女性求職時要求至少公學校畢業的學歷，可以說，學歷就是履歷。

至於基礎教育以上，從中等教育偏重職業學校、高等教育機關卻少得可憐就知道，日本當局採取重視實業教育的教育方針，目的不在培育升學人口，而是要養成殖民地產業所需要的廉價人力。儘管如此，教育仍然是個兩面刃，讓那些能夠進一步接受職業教育的臺灣人，學會了如何握住這把利器，走自己的路。

身體的解放：社會與民間的鼓勵

打造女性就業基礎的磚瓦，還有一部分來自於觀念的「解」和身體的「放」。在這些年輕女子跨出家庭之前，還得知道她們為何「走」得出去，又如何願意走出去。

日治以前，除了客家女性以外，臺灣中上階層的富裕人家千金有纏足的習慣，腳越小，人越美，那時代不流行女人外出拋頭露面，即使外出也會坐轎，由於不需要大量走路，因此腳綁起來不良於行也沒差。一般人不纏足則是為了勞動，但日治以前所謂的婦女勞動，多數只是幫手農務或到富家幫傭，並沒有固定的收入。

日治以前，基督教傳教士已基於人道與衛生的理由，鼓勵纏足女子放足。日治時期以後，日本當局也曾多次呼籲婦女勿纏足。然而，基督教士影響力有限，日本當局也怕嚴禁纏足將引起臺灣民眾反感，阻礙統治，僅以鼓勵取代禁止。

世界上沒有絕對的黑白，日治時期的臺灣傳統知識份子並非完全地行為守舊，思想迂腐。纏

坐轎的女性。日治以前，社會不鼓勵女性走出家庭，越是富家千金越少拋頭露面，受教育的目的不在就業。

足的風氣之所以能夠日漸趨緩，最大功臣仍來自民間人士的推行。一九一〇年代，一群穿著漢衫的臺灣文人組織「天然足會」，鼓勵女性把腳放回天然的樣子。一九〇五年全臺纏足女性高達百分之五十七，十年後的一九一五年，纏足人口已經降為百分之十八，年齡越低，纏足比例越低，顯示在時代演進之下，臺灣民眾已經漸漸接受不纏足的好。

除此之外，不少臺灣士紳前往日本本國遊歷，看到女性就業的龐大能量，回到臺灣後透過輿論鼓勵女性就業，認為新式知識與技能能夠為家庭帶來幫助。也有不少男性知識份子基於擴大生產力、產業發達下的人力吃緊等理由，鼓勵女性出來就業。民間也有一些私人團體提供廉價或免費教育給女性，像是一九二三年成立於臺北的「慈惠夜學」，就設有婦女技藝講習科，教導婦女「國語」（日語），以及裁縫、家事、日本刺繡等技能。

觀念的開放：女性自主意識的提升

即使社會對女性還是有些嚴苛、有點不公平，但無可否認，解開了一雙小腳，等於打開了一個大大的世界。有一雙開放的好腳，臺灣女性才好走出家庭，走進社會——當然，也要她們有同樣不受拘束的頭腦才行。

十九世紀末期歐美興起女性爭取普選權等女權運動，一九二〇年代起日本本土護憲、普選運動高揚，世界各地都洋溢著一股自決與市民地位提升的開放風潮，加上交通、教育等基礎條件的配合，女性的生活圈擴大了，觀念也逐漸活潑起來。從爭取自由戀愛、自由就業等現象來看，雖然對某些價值觀還是十分堅持，例如貞操的保全，但這種「解放而不豪放」的現象證明，日治時期女性的自主意識確實在提升。

儘管人數不多，但受教育的女性本身往往有很高的就業心。一九三八年的一次調查顯示，即將於該年三月畢業的臺北第一高女二百一十一名女學生中，有七十六名打算就業；第二高女的一百六十一名畢業生中，有就業計畫的高達七十七名；第三高女的一百四十一名學生裡，則有四十一名走出校門後即將踏入職場。臺北三所頂尖女校中，將來想成為「粉領族」的，普遍有三成左右甚至是接近一半的比例。

已經就業的女性也回頭鼓勵其他女性就業，而且是及早就業。一九三六年，某位服務於專賣局的女孩子說，如果遲早要就業，建議可以早些開始「運動」，找工作這檔事，有時候還是要「贏在起跑點上」的。而且光有就業的意識還不夠，服務於市公車的某位女性以過來人的經驗提醒，身體健康不可少，在校期間就得重視運動來保持體能，因為「最後的勝利是屬於健康者的」。

只是，社會風氣再怎麼鼓勵女性走出家庭，也不是無限上綱，仍和性別大有關係。就業女性的表現再怎麼令人刮目相看，社會還是對女性「另眼相待」。臺灣的就業人口分析中，一九二〇年臺灣人就業年齡多數集中在十六至二十歲，遠遠早於日本人的二十一至二十五歲或外國人的二十六到三十歲。即使從臺灣人內部來看，女性就業人口也集中在十六至二十歲之間，比臺灣男性的二十一至二十五歲早很多，這或許是因為漢人社會中多少仍然存在男尊女卑的傳統觀念，以至於男性的就學時間較女性長的關係。

至於就業人數方面，一九二〇年的國勢調查顯示，臺灣有將近一百一十九萬名男性就業，但女性僅有四十五萬人，僅占該年度就業人口的二成五，整體而言其實並不多，無論就識字人口、就業比例，不僅是「重男輕女」，也是「男重女輕」。

別有「她」法：近代法律的女性地位

當然，臺灣女性不是光靠解開纏足就解放了整個人生，近代法律的引進同樣幫忙改善了女性的地位與觀念。

日治以前的臺灣社會存在著兩套法律系統，一套來自中國的帝國式法律，遇事告官，請地方官主持正義。但對清廷來說，台灣是個「天高皇帝遠」的邊陲小島，加上清廷「不在本籍做官」的特殊規定，真的遇事要上衙門了，不僅得另外繳交費用，要等到地方官審案也相當耗時費力，非常緩不濟事。

有鑑於此，自主的臺灣人凡事不求人，一切自己來，民間發展出另一套習慣法，有糾紛時，耆老村長幫忙做仲裁，從審判到執行，自成系統，形塑出另一套臺灣民間自有的價值觀。在這樣的民間習慣法中，女性的地位與價值均低，沒保障，不只是因為傳統漢人社會對女性的不重視，也與長久以來移民社會中男性延續家族香火的功能特別被放大有關。女性幾乎可說是男性的附屬品，像是童養媳、蓄妾等貶低女性的舊慣風氣盛行。

到了日治時期，總督府雖然沒有辦法根絕這些習俗，但是透過引進近代法律，某種程度上賦予了女性自主意願的空間。比如說，儘管男性蓄妾不違法，但夫不可限制妾的離去，或是女性不再是被動地被決定婚姻關係，遇上不貞的丈夫，妻子也可以主動訴請離婚。

不過儘管法律這樣規定，女性卻未必真正能享有法定的權利。像是法律明明規定女兒可以和兒子公平分家，女兒卻往往頂多拿到嫁妝，站在現實面觀察就可以知道這一切有多「現實」。不過既然站在近代法律面前，女人不是只有或只能忍氣吞聲而已。從日治時期的離婚訴訟來看，可見資料顯示，每年由妻方提出的離婚訴訟皆超過離婚訴訟案件的半數，最高曾高達百分之百，最低也有一半之多。從以上數據就能知道，女性雖然處於弱勢，需靠法律介入來執行自己在婚姻關係中的自主意願，但只要她們願意，不乏有人試圖透過法律來伸張自己，某種意義上也算是開始有了自主意識，想要自己掌握自己的人生。

日語優先：畢竟只是臺灣人

那麼，日治的「粉領族」究竟從事哪些工作呢？

每種職業隨著發達的程度，就業人口各有消長，無法一概而論，但是受限於基礎多於菁英的金字塔般學歷人數，以及產業本身的市場大小連帶需要的勞動人口，當年的女性就業還是集中於某些工作類型。以一九三〇年的調查來說，一千位就業女性中，將近

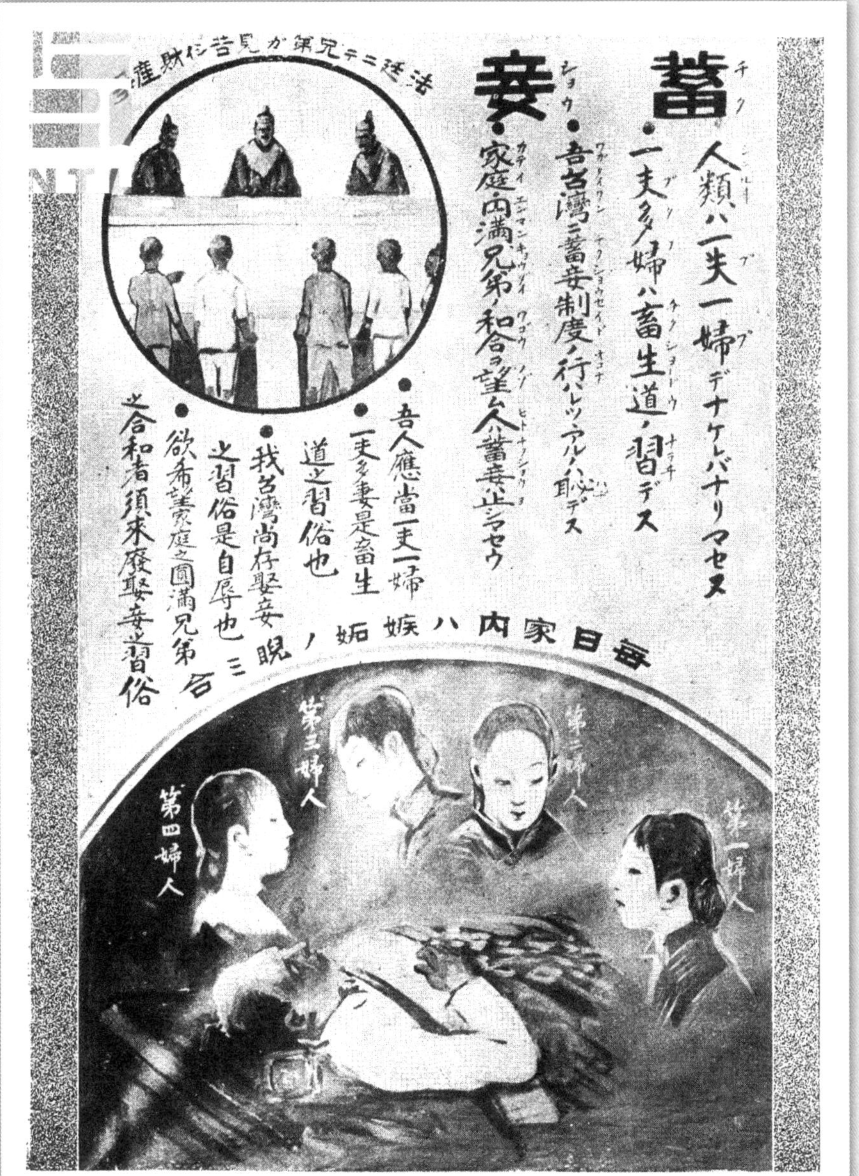

反對蓄妾。日治時期透過引進帶有西方色彩的近代法律，逐步排除部分不重視女性的傳統觀念，呼籲勿蓄妾即是一例。

一半從事工業，其中絕大多數是女工；其次依序是商業、公務自由業、家事使用人等，基本上是農活與家事的延長，或是隨著產業興起而昂揚的服務業，以消耗體力、不須高學歷的工作居多，少數才從事教師、產婆、護士等較需專業技術的工作。

再者，時代的變化似乎讓臺灣女性的未來看起來彷彿平步青雲，一不小心就會忘記日治時期的臺灣女性畢竟只是臺灣人，不是日本人，未必擁有和日本女性一樣的條件和境遇。先不說求職時臺灣人與日本人之間是否存在差別待遇，光拿日語能力來比較，臺灣人就顯得捉襟見肘，儘管並非所有工作都得會日語，像是女工，但有些時候，「消費者」在做選擇時，日本人喜歡找日本人，臺灣人偏重臺灣人，民族或語言就扮演了決定性的關鍵，像是產婆。在絕大多數情況下，對於日語非母語的臺灣女性來說，就業時相對顯得弱勢。民族的差異不是只有在政界走跳的男性才懂，日治時期的臺灣女性同樣是如人飲水，冷暖自知。

換句話說，這波推著臺灣女性的浪潮雖然不免讓人產生「非『妳』莫屬」的錯覺，但事實上仔細觀察就能發現，日治時期臺灣女性從事的職業集中於農業、紡織、待客服務業等業種，並不是全面性地就業，而且無論是總就業人口還是從事的業種多寡，男性依然遙遙領先。

某些職業改聘用女性，除了經過嘗試外，著眼的是女性聲甜人美的特質，多數並非一開始就非「她」莫屬。

物美價廉的女性勞動力

另外，除了像產婆這類本來就是女性擔任的職業，或像絕大多數是無業婦女在家事之餘加減做工、貼補家用的家庭手工業，很多職業一開始都是聘用男性，直到產生問題或「感覺女性可能更適合，試試看好了」，才「一試成主顧」的，像是電話接線生、護士、車掌，都是先用男性，感覺不適當之後才改為錄用女性。至於女醫師、女教師就更不用說了，她們在職場中永遠是綠葉裡少數那幾朵花，得用盡全身心力才能在職場與男性一較高下。

改錄用女性，不用說，多半是考量到女性的某些性別特質。醫學博士丸山芳登就說，男女之間本來就有生理上的不同，若比推理、判斷或勞動，男性占有優勢，但若是需要記憶力或情感表現的工作，女性的表現往往讓男性望塵莫及。

一般認為，女性先天聲音柔和、身形曼妙、長相甜美，性格上又較男性細心、能忍耐，對於那些未必需要多艱難的技巧、男生女生都可以做的工作，比如逐漸走向精緻化的「服務業」，女性就有了表現的機會。像是電話接線生、女給、百貨公司或商店售貨員，就是相中女性笑顏滿點的外表與輕聲細語的聲音特色，而車掌聘用女性則是著眼於女性的忍耐力，足以面對乘客的無理與任性。同時，我們也發現，多數女性的職業只要具備公學校畢業的學歷就可以應徵或報考，取學歷而代之的，就是重視職業訓練或在職訓練，依照職業不同各有數周到數月的職業訓練。學歷高低未必與實際能力成正比，但是重視實務，正是日治時期多數「粉領族」的職業特色。

除了女性的內外特質，錄用女性還有一個很現實的原因：同樣的工作內容，女性的薪資低於男性。

撇去女醫師等高度專業的職業不算，多數職業都存在男女同工不同酬的現象。一八七五年日本大藏省印刷局首度起用女工，是日本本土雇用女工的首例，原因正是因為女工的工時低廉。一九三八年臺灣的報紙《臺灣新聞》主筆小川節在論及女性就業的現象時也說，銀行、公司、官衙等單位之所以歡迎女性就業，並不是因為女性的效率高於男性，說穿了也是女性的人事成本低於男性之故。

其實在日治時期的五十年間，臺灣經歷了好幾次不景氣，如何節省經營成本本來就是為商者的考量之一，如果聘用女性可以省下一定的人事開銷，何樂而不為。

時代之勢：戰爭與男丁缺乏

最後，有些促成女性就業的動力來源很有時代背景的特色。一般來說，社會期待女孩子結婚後專心在家相夫教子，因此婚前的就業經歷理所當然成為將來培養持家能力的教室，是婚姻生活的練習場。但一九三〇年代後期，社會風氣漸漸改變，期待已婚女性在兼顧家務之下，還能重披戰袍，重新走回職場。

這樣的轉變並不是社會突然認可女性的就業能力，或是社會替她們鋪陳了一個得天獨厚的就業環境，等待她們重出江湖，而是因為一九三〇年代後期開始，日本逐漸進入戰爭狀態，男性先後被徵召前赴沙場，留下來的職缺，只能等待女性組成生力軍來填補，維持生產力。一九三〇年代後期開始，無論是男性或女性，呼籲女子「銃後奉公」的言論多了，鼓勵女性在戰場後方也要為國戮力奉獻，說著「西方世界的女性都在為戰爭努力，我方的婦女也不能漏氣」。

人力被徵調走了，不只是職場的位置空了出來，家裡也少了男丁，沒有男人就沒有收入，女人只好開始工作，孩子還小，戰爭打得是好是壞，日子總要過下去。特別是越到戰爭後期，物資越顯缺乏，更是逼得妻子媽媽們速速重回職場。辛苦的女人們，意外在日治末期受到注意，重新使出當年就業的本事，誰能料到是因為戰爭的窘迫？

整體而言，社會提供女性就業機會，主因竟然是「經濟實惠」，說來真是令我們女人沮喪。不過當時的「粉領族」似乎不以為意，也不認為男女之間的薪資不平等是件不合理的事情，爭取平等與權益的女性自覺離她們還有點遠。所謂「不平則鳴」，要大鳴大放之前須以感受不平為前提，但她們沒有。她們總感覺和上一代的女性相比，自己已經很幸運了。她們有職業、有收入，活得很有自信，她們燙髮、穿洋服、腳踏皮鞋，出外看電影、談戀愛、喝咖啡，收入可能不高，但怎樣都是靠自己的能力擁有了一份收入。她們在結婚前，擁有一段具有自主性的歲月，起跑點不同，她們不貪心，不跟男性比。

＊＊＊

在那個似遠又近的年代裡，產業的發展與細緻化編織出就業市場的人力需求網絡，而廣開基礎教育之途的結果之一，則是為臺灣提供了大量的就業人口，對人力的需求恰好嫁接上識字人口的增加，兩者一拍即合，就像為臺灣女性打造了通往歷史舞台的階梯，等待她們信步而上，臺灣女性也被這波浪潮一波波地推啊推，推到了時代的前頭，許許多多看似平凡不起眼的社會條件，共同映照出許多不平凡的女性身影。

舉手之勞：車掌

「非常擁擠，請儘量往裡面站！」
「走不進去了啦！」
「不好意思，『滿員』了喔！請等下一班。」
「怎麼搞的，又得再等五分鐘啦！」

車掌有兩種，兩種天差地遠，一種是開火車的「運轉手」，一種是客運或巴士的女服務員，兩者本屬不同體系，很多人光讀漢字，不辨雌雄，「他們」和「她們」分不清楚，車掌的面貌反而越看越模糊。因此必須說在前頭，我們在這裡說的車掌，是後面這種。

南來北往：公車開通了！

一九〇八年臺灣西部鐵路全線通車，在臺中公園舉辦了熱鬧喜氣的通車典禮。西部鐵路通車在臺灣交通史上是件不得了的大事，或許正因為它太豪氣、太耀眼，幾乎占去了所有版面，讓人忘記了「道路」的甘草性格。

西部幹線能夠通車並不是歷史的偶然。日治初期，殖民政府在交通上首重鐵路建

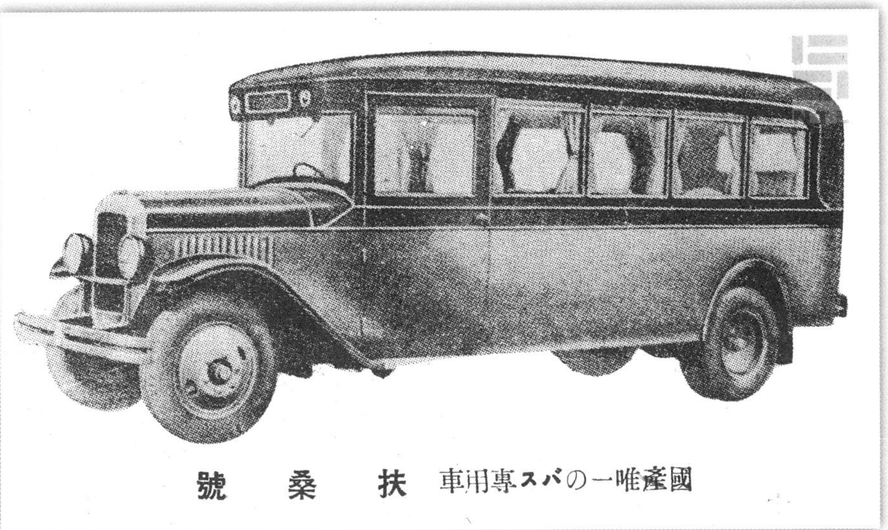

日本國產巴士「扶桑號」。

設，在清治時期留下的基礎上繼續發展，配合土地、人口、都市建設等其他條件的調查與規畫，經過數年的設計與修築，才讓西部幹線能於一九〇八年通車。但是鐵路畢竟無法照顧到所有地方，在火車走不到的地方，除了靠私營鐵路和台車來幫忙，主要還是得靠地方上的道路。而道路和鐵路互補的性格，從公車路線的起、終站，以及人力車聚集處位於火車站就可以明白。

俗話說：「路是人走出來的」，真是一點也沒錯，不過總不能總靠人來走，機械技術進步後，汽車可以取代一雙腳，提升交通效率。然而，要能夠走汽車，道路至少得有一定的寬度，交通越輻輳的路線，道路必然是越開闢越寬敞，人多了，運輸需求大了，公車也就跑起來了。

公車，或者說客運，依照經營者的不

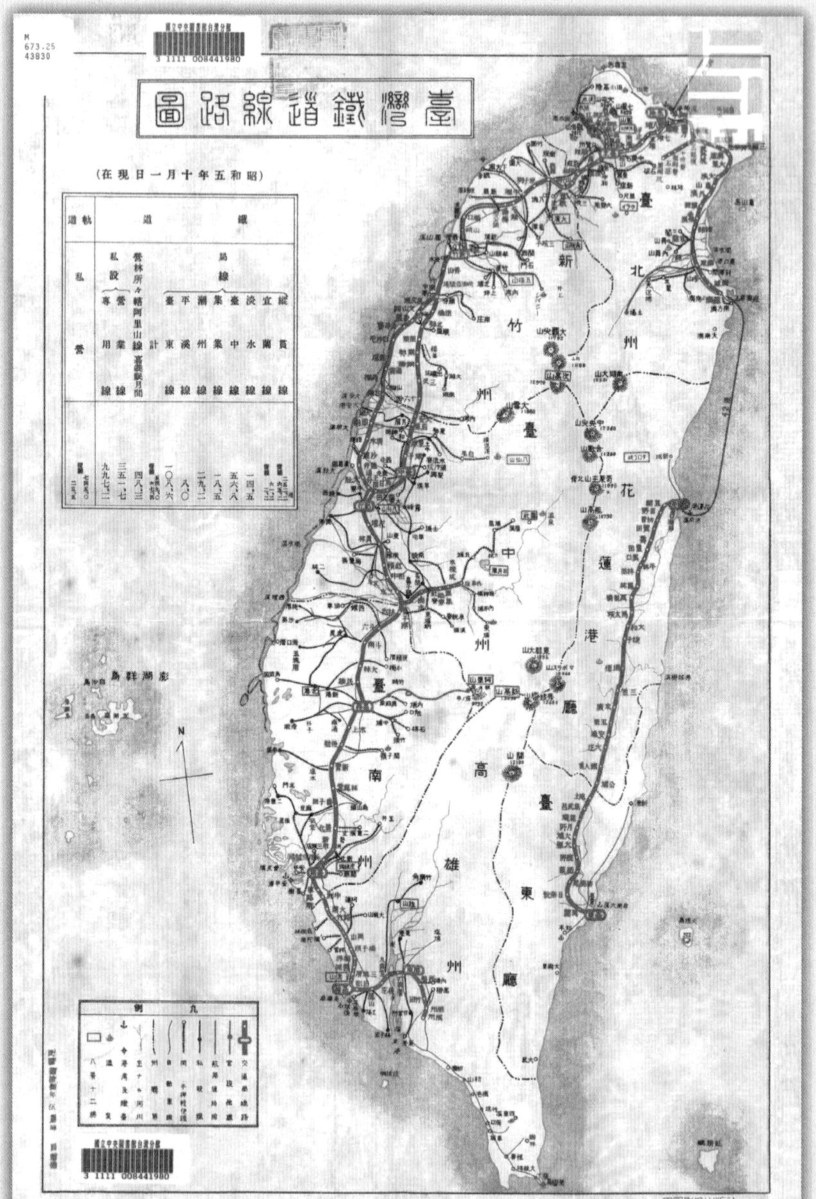

1930年臺灣鐵道線路圖。1930年臺灣鐵路規模與路線已大致底定，從本圖可看出道路與鐵路互補的性格。

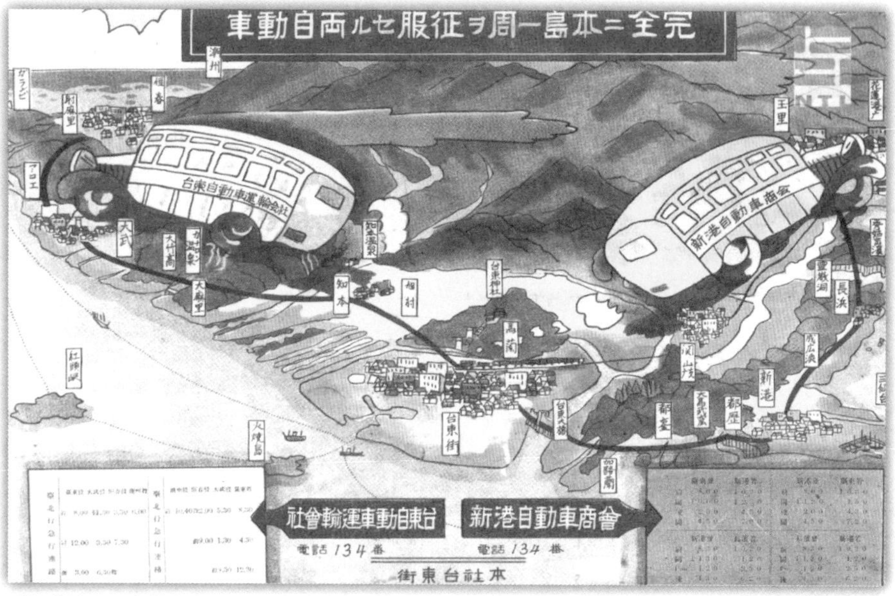

受限於地形，臺灣地方切割發展，巴士運輸就肩負起連結地方交通的重任。

同，分為局營、市營和私人巴士三種，「局營」是臺灣總督府相關單位主管，各時期掌管相關的業務略有不同，「市營」則由各地政府經營。

臺灣最早的客運始於一九一二年，第一個在臺灣開辦私人客運業務的是一位叫做高松豐次郎的日本人。（喜歡電影的人對高松豐次郎一定不陌生，因為他也是把電影技術帶入臺灣的人，是第一位在臺灣拍電影的人，以及第一位在臺灣訓練電影演員及電影從業人員的人。）到了一九二六年，臺灣的客運車輛共有二百五十九輛，路線長達八百七十一哩。一九三一年，客運車輛暴增為八百六十四輛，路線延長為二千八百一十九哩，才短短五年時間，客運車輛及路線都成長了超過百分之三百，令人讚嘆臺灣客運業務發展的迅速。

沿著鐵軌跑：從私人客運到公營客運

雖說鐵路和道路功能互補，但私人客運一開始並不是專跑火車以外的地區，反而是沿著鐵軌跑，因為客運的班次比火車班次密集，停等站多，票價相對低廉，所以當「公車」遇上「火車」，竟然是火車敗下陣來。由於小蝦米「公車」真的差點就扳倒了大鯨魚「火車」，最後逼得官方出手，強制把那些與鐵路平行，或是路線足以影響鐵路營運的公車路線收歸政府經營，成為公營客運。

在日本，東京第一輛可載客的大型汽車於一九一三年奔馳於街頭，當時是因為京王線電車雖然已有延長鋪設的計畫，但在新宿到府中間的電車線路完成之前，只能暫時以大型汽車作為接駁之用。剛開始時，警視廳擔心汽車在路上跑來跑去會變成大型殺人凶器，不過它的安全卻讓警視廳大感意外，促成了一九一九年公車正式登場。到了一九二〇年，日本的公車已配有女車掌，當時又稱為バスガール（bus girl），非常時尚。

臺灣的公營客運晚一些，一九三三年才開辦，首先開辦的是基隆、新竹、臺北、淡水間與鐵路平行的客運路線，隔年擴大經營大臺中地區，包括豐原、員林、二水、大甲等路線，接著是嘉義、屏東等南部客運線。還有一些客運走的是鐵路尚未闢建的地方，像是蘇澳到花蓮之間（今蘇花公路），這段路線的主幹線於日治時期開闢，當時稱為「臨海道路」，其公車路線則被稱為「東海線」，而「南迴線」則是連接屏東枋寮和臺東之間沒有鐵路聯通的客運線。

市營公車則各地不同，例如臺北市營公車於一九三〇年開辦，由臺北市役所收購「臺北自動車株式會社」，並於市役所下設自動車課來管理，當時的公車總站在臺北車站，大橋、萬華、西門、圓山動物園、肥料檢查所（東門町）、軍司令官官邸（今南昌路陸軍聯誼招待所）前則設有調度站，可見市營公車主要是跑臺北城內到周邊的各據點。

客運業的蓬勃，也表現在客運業者如雨後春筍般成立，像是「巴自動車商會」、「海山自動車株式會社」、「東海自動車運輸株式會社」，都是當時極有名氣的客運業者，其中也有些人本來就從事交通業務，例如「東海自動車運輸株式會社」的經營者白勢黎吉，曾擔任臺灣總督府交通局鐵道部長；「基隆輕鐵株式會社」的顏欽賢，則是經營基隆臺陽煤礦的基隆顏家顏雲年的大公子，財力雄厚。

有趣的是，雖然鐵路是政府的，路上也有公營客運在跑，但民間客運卻大多由臺灣人經營。據研究，一九四〇年全臺共有九十八家客運公司，其中由臺灣人經營的就有六十八家，占了七成之多。

據統計，一九三九年臺北市民每人每年平均搭乘公車次數為五十二・四八次，一天平均有五百二十二人次的臺北市民搭乘公車，可見公車是日治時期臺灣人生活中很親近的一部分。公學校課本上有篇題為「巴士」的課文，內容是：「這是局營巴士。最近我

搭公車。臺北街頭民眾排隊搭乘公車的情形。

的庄也通了局營巴士了。巴士上有司機和車掌。這裡是候車亭。局營巴士停車的時候，乘客先下再上。」老師教學時，教學指引中還提醒老師，要告訴孩子面對要去的方向，並站在左手邊的候車亭等車，先下後上。（日治時期臺灣的車輛行進方向和現在的方向相反，靠左通行。）

「先生」變「小姐」

這是一位生活在一九三七年臺北的小朋友搭公車的經驗：

四、五年級時，我聽老師說公車開通了，非常方便，某天阿嬤要我去萬華的嬸嬸家，因為很遠，阿嬤要我搭車去。她給我十錢硬幣，我急急忙忙地走到大馬路，路旁立著牌子，紅色的標幟上白字寫著「北門町七丁目」，我一開始覺得：大家都在這裡等車，一定沒錯，所以也在這裡等著。牌子寫著往萬華的藍色公車來了，上車後，一位服裝整齊的車掌小姐用溫柔的聲音跟我說：「麻煩車票。」我拿了十錢硬幣給她，她問我：「請問您幾歲呢？」我回答她十二歲，她淺淺地笑著，不知不覺中，我被她溫柔的聲音吸引了。「來，找您五錢。」她將找錢連同車票遞給我，我走到車中，仔細地看著車掌小姐，她面向這裡，高聲說：「接下來是北門町六丁目，請問還有人要下車嗎？」某位乘客回答：「下一站下車！」「好的！」車掌小姐轉頭和司機說：「麻煩下一站停車。」車子緩緩地開到了下一站，乘客下車後，車掌小姐點頭說：「謝謝！」

公車的便利，讓小朋友也能「第一次搭公車就上手」，車掌小姐溫柔婉約的服務形象，則是在民眾心中打造公車理想品牌的重要推手。

這位小朋友可能沒想到，他口中的「車掌小姐」，一開始本來是「車掌先生」，親切誠懇又溫柔是日治後期民眾對車掌的印象，但早期曾是男性車掌。就工作內容來看，車掌也算服務業，當時社會風氣不像今天這樣自由開放，男性擔任車掌多少總有些不便。一九二〇年八月報紙報導，往來於臺北市大稻埕與艋舺之間的公車男性車掌趁職務之便，調戲良家婦女，略有姿色的年輕女子上車後，他們不收車資，到了下車前就出手調戲，特別是女學生和護士，更是深受其害，民眾投訴後，報上特刊此消息，提醒往來的搭車民眾注意。

一九二〇年東京開辦公車業務時，第一位女車掌就風風光光地站上車了，但對臺灣的車掌來說，一九二〇年代中期才是「先生」變「小姐」的關鍵時刻。

一九二二年，臺北乘合自動車會社發出一篇公告，表示車掌的設置弊端頗多，今後改採在候車亭販售車票，乘客須在搭車前購票，上車後將車票交給司機。一九二八年，同一公司在報上刊登消息，改招聘小公學校女性畢業生為車掌，「欲試用之為車掌使在車中賣票」，並表示「若成績可觀，將全部改用女子云。」後來報上也陸續出現某某客運公司公開招聘女性車掌的消息。一九三〇年，高雄共榮自動車會社宣布以後只聘用女性擔任車掌。

到了一九三〇年代，民眾已經普遍存有「車掌是溫柔可人的女性」的印象，看來由女性擔任車掌的嘗試，獲得了極大的成功。

舉手之勞：車掌的工作

車掌車掌，掌的可不只是車，而是與車有關的各種大小服務，收售車票是最普通的，公車出發前，車掌要協助出車，公車發車後，由於以前的公車內沒有下車鈴，車掌除了收售車票，還要報站名，詢問下一站有無乘客要下車，若有人要下車，車掌就得提醒司機下一站停車，另外，車掌還要接待乘客，維持車內秩序，排解車廂內的糾紛，幫忙司機注意路況，回答乘客轉車的問題，好不容易跑完一趟車，還得協助司機倒車停車，站在車邊，伸出手喊「來！來！來！停！」管他會不會開車，車掌就是要出這「舉手之勞」。其中，關於報站名，不少車掌都表示，剛開始要大聲報站名真是一件令她們臉紅心跳的事，不過熟能生巧，熟還能生膽量，多喊幾次也就不怕羞了。

摩登亮麗的車掌制服

車掌上班要穿制服，東京的車掌制服最初就是一片裙的流行設計，當時除了護士，唯一穿制服的女性上班族就是車掌，當然令人眼睛一亮。臺灣的車掌通常是襯衫配及膝短裙，頭頂小帽，再加上絲襪與皮鞋，服裝雖然經過各時期不同的改良，但大致上都是這樣的組合。這樣的服裝並不是臺灣首創，在大正時期的日本，洋服開始往民間流行，制服更成為某種權威與專業的象徵，東京第一位車掌就已經穿上制服。白衣服裝的一點點摩登與帥氣，搭配臉上些許的稚嫩與羞澀，正是絕配。車掌上班時還會背一個小包，裡面裝了出勤時要使用的所有器材。

車掌的工作量一整年沒有什麼淡旺季之分，一天的工作時間則分成上午班和下午班，上午班是早上六點到下午兩點半跑車，下午班則是下午兩點半開始，直到晚上十一

頭戴小帽，身穿制服，腳蹬皮鞋就是車掌給人的印象，腰間小包裝有工作用的器材。

點半才結束一天的工作。除了車掌的工作時間極長之外，不可思議的是，竟然到了晚上十一點半路上還可以見到公車。

臺北乘合自動車會社對公司車掌的要求是「待客要親切，時間要確實」，一面要掌握時間，一面服務各種乘客，加上工作時間長，每天在搖晃的車廂內工作，必須耗費更多的力氣來維持身體的平衡，曾經發生過車體晃動得厲害，導致車掌摔出車外受傷的意外事件。除此之外，還有說也說不完的雜務，要完成這「舉手之勞」可是一點也不輕鬆。某位車掌說，雖然也想學點裁縫什麼的才藝，但是工作時間不固定，休息時間也短，經過一整天體力和注意力的大量消耗後，只有把所剩無幾的時間用來狠狠地睡它一場，才能紓解一天的疲勞。

應徵車掌的門檻並不高，通常僅需基礎學歷即可，以臺北市公車的車掌為例，並不是非要高等女學校的畢業生不可，反而是小、公學校畢業的程度就可以了。資料顯示，車掌多半是十七、八歲的年輕女孩，二十出頭的也有，不過年紀再大一些的車掌就比較少了。有位車掌推測，小、公學校的畢業生雖然學歷不如高等女學校，但往往較能忍耐。這可能和高等女學校畢業生的家庭背景有關，普遍來說，日治時期女性要能讀到高女是件不簡單的事情，不僅頭腦要好，還得家裡的經濟底子夠雄厚以作為重要的支柱，因此高女畢業生家庭通常較為富裕。這位車掌說，不愁吃穿的高女畢業生，大概也沒為家裡生計煩惱、忍耐過吧？

總之，車掌的學歷不是第一考量，反倒因為車掌從事的是待人接物、送往迎來的工作，最重要的是容貌端正、有禮貌，頭腦反應也要快，因為還得收售票、記站名。

宜蘭車掌見習團，為了精進服務品質，車掌們會到各地實習。圖為宜蘭地區車掌見習團在臺灣神社前合影。

車掌也很重視職業訓練，往往是由資深的車掌或管理人帶著新進車掌學習跑車。實習期間，菜鳥車掌必須集中注意力，學習工作中的每一個細節，務求在最短的時間內記熟每一站站名，而且因為客運業者的競爭激烈，車掌被要求以更多的耐心與更親切的語氣待客。有些客運業者會不惜重金送車掌到日本東京、大阪、京都等大都市見習，也會從日本聘請老師來教導車掌良好的服務技巧與態度，她們被要求沒有自己的情緒，設身處地為乘客著想，秉持「好服務始終來自於人性」的理念，追求的是一種貼心與舒適的待客之道，送客到遠方。

車掌因為必須輪早晚班，一輛公車一天至少得有兩名車掌早晚隨車服務，因此車掌人數並不少，以臺北市公車為例，一九三〇年開辦之初，共有一百零一名車掌，到了一九三八年車掌人數增加到二百一十人，而且這只是臺北市公車的車掌人數，如果再加上局營客運與私人客運，人數將更可觀。

年輕、幹練、態度佳：車掌印象

一首描寫車掌的小詩寫道：「斷髮洋裝二八娃，收金折券事如麻。殷勤足慰同車客，何必容顏似舜華。」臺北市曾有過「車掌之歌」，歌詞描寫車掌穿制服戴制服帽，昂揚地站在車門階梯上，愛嬌親切又細心，聲音輕快似鈴。總而言之，年輕、幹練、態度佳，就是車掌普遍予人的印象。

不過，報紙雜誌偶爾也可以看到抱怨車掌待客態度不佳的投書，有位記者在臺北街頭等公車，一位年約四十二、三歲的胖婦人遠遠向這頭跑來，兩手提滿重物，氣喘吁吁，站在車頭向車掌問：「請問有到臺北車站嗎？」「沒有喔！」車掌回完話就匆匆忙忙關上門離開了。婦人繼續等車，一會兒又來了另一輛公車：「請問有到臺北車站嗎？」「沒有喔！」車子又急急地趕往下一站。就這樣，婦人等了兩、三輛公車，沒有一輛開往臺北車站。

從旁看著這一切的記者上前對婦人說：「這位太太，這裡是往萬華方向的站牌，您要到對面搭車，才能到臺北車站。」等錯方向，當然永遠也到不了目的地，記者把買票方式告訴太太，婦人感激地離去了。來來往往這麼多輛公車，如果能有一位車掌說聲「請到對向搭車！」就能免去婦人在烈日下久候的辛勞，卻無人說一句。

又有一次，某位讀者表示臺北市公車車掌服務態度不佳，就他的觀察，推測可能與車掌工時長、訓練不夠有關，除了建議當局平衡車掌的工作時數、加強訓練外，也要實施獎勵制度，例如頒發優秀車掌證書、「我親切待客」貼紙等。

當然也有體貼的車掌，報導「胖婦人候車記」的那位記者就說，自己曾在西門町轉車站看過非常感人的車掌，那位車掌溫柔地攙著搭錯車又聽不見的老太太去轉車，過程中還接過老太太手上的行李，慢慢地陪她走這段路，如果每位車掌都能這樣溫柔地應接乘客，一定更得乘客的信賴。

有些人好奇，車掌和司機會不會常常談「辦公室戀情」？車掌和司機同在一個空間

街頭交通安全。維持街頭交通安全不只是警察的工作，車掌有時也得協助維持交通。圖為帝國生命會社保險廣告。

中工作，業務上也有不少必須互相協調、彼此合作的地方，的確聽說過車掌與司機傳出佳話，據說報紙上也報導過車掌與司機的愛情故事，但是從資料來看，這樣的結合應該不是很常見，如果司機和車掌分屬臺、日籍，他們之間慣用的語言、民族性、文化與生活習慣多少都有些不同，很長的時間裡，臺灣的學校都是臺日分開的，出了社會後，很多人都說職場上仍然存在著臺日差異，雖然彼此也有幾位他民族的朋友，但主要的往來朋友還是有「自己族人才是自己人」的現象，至於婚姻，民眾普遍習慣與自己同民族的人結婚，如果是少數的「臺日聯姻」，通常日本男性娶臺灣女性的情況比較常見，臺灣男性娶日本女性的組合相對較少，社會上曾有「灣妻」這個詞，指的是日本男人娶的臺灣妻子，卻沒聽過因為臺灣男性娶日本女性，而產生「灣夫」的稱呼。

因為社會上這樣的風氣，一位日籍車掌說，那時候司機多是臺灣人，車掌小姐如果是日本人，兩方就很難來電，除了工作時間以外，雙方很難有其他的來往。司機配車掌，多數大概都是絕緣體。

心事誰人知：車掌的辛酸

某位署名「碧濤」的詩人描寫車掌：「歐風美雨近繁華，改札娥眉特色花。艷幟新粧嬌出眾，循循迎送客盈車。」車掌給人的正是這種文明又亮麗的印象，但也有人說：「往來升降客如麻，到站招呼起落車。為補家庭生計拙，惹人視作路傍花。」這位詩人眼中的車掌，除了工作上的繁忙，還說對了兩件事。

第一件，車掌是為了家庭生計才來「走天涯」。

憑良心說，當車掌待遇並不算特別高。一九三〇年臺北市公車招聘車掌時，只要小公學校畢業者均可應徵，也不需要特殊的技能或條件，每月工作二十日，月薪二十四、五圓到二十七、八圓之間，當時總督府專賣局的臺籍雇員月薪四十五圓，幼稚園保姆月薪至少四十圓，公學校的女老師薪水更達四十五圓至六十圓不等，就領月薪的全職工作來說，車掌的收入真的不是太高。

即使薪水不高，她們還是忍著辛苦，據以為業來貼補家用，多數車掌的薪水都是家裡的經濟支柱。一篇小學生的日記寫到，今天他搭了公車，發現車掌是住在巷口的鄰家姊姊，姊姊的家境不好，所以她必須工作幫忙家裡生計，只見她工作時臉上總是掛著一副很憂鬱的表情，一邊收售車票，一邊小小聲地對乘客說「謝謝」，他看著這樣柔弱的鄰家姊姊，心裡很難過。

車掌出身貧寒家庭的職業特徵，在日本也一樣，少少的薪水，卻必須支撐一家的生計開銷。

詩人說對的第二件事，就是被視作「路傍花」。

一九三六年的一場職業婦女座談會上，一位車掌難過地說，她曾聽人說，「幫我介紹老婆吧！不過女給和車掌就敬謝不敏了。」她著實為了這句話傷心了好久，認為大家對於車掌的工作認識不足，才會有這樣的想法，她本人可是一點都不覺得車掌是個丟人的工作！某位民眾就說：「怎麼說車掌小姐也是女人嘛，抱持著想談戀愛的心情，也不是罪啊！」

其實車掌的工作並不如想像中輕鬆，除了販賣、收取車票、報站名之外，還有很多「內外治安事件」需要她「講一句話」來擺平。對「內」，光是車內秩序的維持就是一件了不起的大事，有些人不知道是不是深具謙讓的美德，擁擠的車廂內明明有空位，乘客們偏偏誰也不去坐，或是剛好相反，明明車內擁擠，乘客卻老實不客氣地讓行李占掉一個座位，又或者大家都擠在車門口，不肯往裡站，這時候就得車掌來上一句「非常擁擠，有座位請坐下」或「空間有限，請大家往裡面走」來幫忙騰出空間。乘客吵架了，車掌要跳出來調解。司機脾氣不太好，遇到不守交通規則的路人或路況不佳「出口成髒」時，車掌得擠出僅存的注意力，幫忙司機注意路況。有時候，開車的司機緊張，乘客忙著抓穩看站牌而緊張，車掌也要為車廂中的大家「排憂解勞」，照顧這兩種都在緊張的人，同樣緊張萬分！

還有一些令人不敢恭維的乘客，比如車掌遇到了持優待票的乘客，向對方詢問優待票時經常被飆一句：「搞什麼？搭這麼多次了，連我的臉都不記得嗎？」

公車與車掌。輕倚公車，淺淺地微笑，留下這張雋永的圖像。圖為臺北市營公車與車掌。

一九三六年，有位車掌說，某位乘客拿了已經超過使用時間的轉車車票來搭車。

「不好意思，時間已經過了，要請您再補八錢。」

「別說蠢話了，我不是剛剛才到轉車場嗎？哪可能有妳說的這麼白痴的事情！」乘客劈頭大罵。

「但是……時間真的已經超過了……」

「如果真的是那樣的話，也一定是前一位車掌的錯！」

原來這位乘客下車後先去購物，已經超過可以轉乘的時間後才來轉車，卻和車掌硬拗，這種事情一天總要發生個兩三次，有理說不清，車掌真命苦。也難怪另一位車掌說，某次臺北賽馬會結束後，公車上擠得滿滿都是人，在車廂深處的某位男性在那頭大喊：「車掌小姐，這裡的票我幫妳收，妳只要忙那邊就可以了！在這種時候，車掌小姐您可真辛苦啊！」這麼簡單的一句話，就讓她因為這位乘客的貼心舉動感動得眼眶泛淚，心中大喊：「世界上也有這麼親切的人！」

一九三四年某位記者採訪一位年輕的車掌小姐：

「一整天都站著，腳麻痺了吧？」

「我已經工作兩年了，早習慣了。」

「第一次搭上巴士，一次次喊著『來，來，來』，是什麼感覺？」

「哎呀，很難為情呢！」

「咦，一開始是誰教妳的呢？」

「嗯，是監督的岡本小姐教我的。」

「怎麼樣？妳的工作很有趣吧？」

「一開始是很有趣，但現在已經不那麼有意思了……」

「讓妳不愉快的，是客人嗎？」

「那也是原因之一。」

「也有很困難的事、很悲傷的事，搭車的人始終不同，一定遇到各式各樣的事情吧？」

她紅著臉，不斷地揉著裙沿，不說話，很害羞的樣子。

「不是生病了吧？」

「沒什麼……不過有時也會得腳氣。」

「妳幾歲？」

「十八歲。」

「最近在讀些什麼呢？」

「《少女之友》。」

「喜歡電影嗎？」

「嗯，很喜歡！」她眼神發著光，這麼說。「但是不太能去。」

「有沒有什麼想試試看、想學的事情？」

「好想學學看裁縫。」

「如果有什麼聯誼會之類的活動時，都做些什麼事？」

「夏天的話就去海水浴，冬天的話就去草山，在草山做些娛樂。」

這位十八歲的車掌說自己容易得腳氣病，其實長時間在密閉空間內工作，結核病是車掌職業病，長期站立工作也會造成扁平足或胃下垂的職業傷害。有些關心車掌的民眾總是呼籲，車掌在傳染病流行的季節要施打疫苗，或是改善工作環境，工作不忘健康。

總而言之，日治時代的臺灣女子，想要培養機智的反應、過人的體力與注意力，以及超乎常人的忍耐心的話，當車掌就對了！

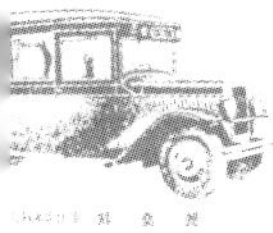

幸福終點站：告別車掌

「車掌」這個崛起於一九二〇年代中期的職業，終日治時期似乎沒有衰退的跡象，不但沒有衰退，還越見人氣，隨著客運業務的擴大，三〇年代各地客運公司招募車掌時，經常都會有比錄取人數多上數倍的人來應徵，遠從其他地區趕來應徵的求職者也不少。一九三三年時，報紙甚至用了「就職戰」來形容車掌招募的激烈競爭，宛如雪片般飛來的履歷表從各地陸續送到。

不過，車掌因需排班且長時間站立，其實並不被看作是份輕鬆的工作，加上雖然在服裝外表上有著令人稱羨的摩登形象，但這份職業終究不屬於高社經地位的行列，許多車掌都在結婚後陸續辭職。也就是說，門檻不高引起車掌的應徵風潮，「結婚」則是車掌汰舊換新的主要觸媒。

只有在日治時期快要結束的一九四〇年代前半，因為戰爭的關係，原物料配給困難，石油的使用也更為緊縮，為了因應燃料不足的窘境，各客運公司陸續減少出車班次，連帶造成乘客擁擠、班班客滿的現象，車掌每班車要招呼的人更多，業務量暴增。另一方面，客運班次減少，招募車掌的需求自然隨之下降，最末幾年，報上就較少見到招募車掌的廣告了。

客運工作講求的不是理論而是實務技術，戰前的人員、技術與制度，很大一部分在戰後被傳承了下來，像車掌跑車需要早晚輪班，她們總叫那位和自己共排早晚班的另一位車掌為「挨波」，也就是日文「相棒」、「夥伴」之意。結束一趟出車，車子回到總站後，若因車輛調度的關係必須立即出車的話，調度員也會對司機大喊「歐里卡耶西！歐里卡耶西！」，正是日文的「折り返し」，要司機馬上「折返」出車。不少車掌和司機都是戰後出生的，九成九不會日文，也不知道自己說的是日文，但如果你問他們知不知道「挨波」、「歐里卡耶西」是什麼意思，保證人人都是一副理所當然的表情和充滿自信的眼神，對你說出一部頭頭是道的公車經。

雖然日治時期的車掌不是黃昏產業，但個人的職涯發展總有盡時，通常在準備結婚時，車掌也差不多將自己的職業生命駛入了終點站。即便「終點站」帶有結束的悲傷意味，但如果能夠從職業生涯的終點走向幸福婚姻的彼岸，那麼不妨視作「幸福終點站」，至少是婚姻生涯的起站，車掌「再出發」，期待下一站迎向幸福。

請多指教：老師

──有的母親每天早上和孩子一起來上學，一起回家。似乎是連休息時間都不能讓小孩離開自己的視線。……即使孩子生病請假了，這樣的母親也是不會休假的。歪曲的母愛真是可悲。

──小學生真可愛。

──「在老師說可以之前，小朋友眼睛不能張開喔。」「老師，○○的眼睛張開了！」孩子瞪大眼睛說。

──我班上有個喜歡抄別人答案的孩子，成績也非常差，有一次竟然連隔壁同學的名字都抄在答案欄裡。

好女孩就是要當老師

小時候寫「我的志願」時，你填的是什麼？在我的年代，班上大概有超過一半的女同學會說「長大後要當老師」，而這一半的女生，絕大多數長大後都沒有當上老師，並且發現世界上除了「老師」，適合自己的職業還有很多。不過，我們都曾經深深相信著，「好女孩就是要當老師」。

老師給人的性別印象，這一百年來可是經過了一百八十度的大翻轉。杏壇長期以來都是男性的天下，女老師的數量一直到了戰後才「易客為主」。正因如此，日文的「先生」其中一義是指老師也就不難理解。日治以前，教育是有錢人的專利，富家聘請地方上通讀經史的耆老文人到家中教子弟讀書，或是識字者開設私塾教育童蒙。但這時候所謂的教育，重點並不是技能的培育或觀念的養成，而是章句訓詁的記誦，畢竟書房教育「十年寒窗」的目的是在科舉中「一舉成名」，沒人是「拒絕科舉的小子」。

再怎麼有成就的名師，都一定當過學生，今天的學生就是來日的老師。在讀書識字絕大多數情況是男性專利的情況下，日治以前的老師幾乎都是男性。有錢人家雖然也會為女兒聘請老師，但千金小姐受教育的目的不在為人師表，而是為了提升女性手工與家事技能，作為將來談論婚嫁時的籌碼，課程內容專注於琴棋書畫及女紅等家政技藝。也因此，日治以前幾乎可以說是沒有女老師，只有在基督教教會學校中，才有少數幾位背負宣教任務的女性神職人員兼任女老師的工作。

男老師教女學生，行不通！

要討論女老師，其實應該廣含所有教育機構的女性從業人員，日治時期除了小公學校之外，向下有了幼稚園，往上則有中學校、高等學校和各種實業學校，不過還是以小公學校的女老師人數最多，加上相較於其他各種教育而言，初等教育的就學率相對還是

男老師，男學生，傳統書房教育以男性為主，識字幾乎可說是男性的專利。

比較高，和臺灣人的接觸經驗較多，因此我們還是來看看公學校女老師。

我們在前文已經說明了各地興設公學校，以及入學人數增加的時代現象。但就算學生人數增加了，受限於受教人口的性別結構，過去由男性霸占的教壇，仍然難有女性的一席之地。

沒錯，學生是男孩，老師是男人，走進書房或私塾，一片陽剛。臺灣教育長期以來就有偏重男性的傾向，日治時期的教育也同樣「重男輕女」。據研究，日治時期臺灣的師範培育偏重男性，以訓練日籍男性為主、臺籍男性為輔，女老師的培養只是聊備一格，可以說女老師本來就少，擔任女老師的臺灣女性更是少得可憐。

學校沒有女老師，究竟對教育產生了什麼影響？

一八九八年〈臺灣公學校令〉頒布後，官方雖然鼓勵女童到公學校就讀，卻長期苦於女童就學率極低的問題，原因之一就在於公學校沒有女老師，家長裹足不前，畢竟社會風氣仍偏保守，普遍存在著男女之別。一九一五年，基隆八斗子公學校的女老師轉任他校，原本因為女老師「頗為善誘」而「殷勤向學，成績卓著」的十餘名女學生們「無從私淑，如孺子之失慈母，深為惆悵」。校方希望當局趕緊派任新的女老師。蔣渭水的姪女陳右滿也回憶，因為父母觀念比較開明，一九一六年讓她入學宜蘭公學校，當時宜蘭公學校雖然是男女合校，卻沒有混合編班，後來宜蘭女子公學校成立後，女生就全部轉入女子公學校就讀了。可見到了一九一〇年代中後期，對於女學生來說，講台上要是

葫蘆墩公學校師生。葫蘆墩即豐原。從照片可知，老師仍是男性，學童們雖然仍以男童為多數，但已有女童立於其中。

站著男老師，仍然讓人害羞得很！

而這樣的情況，正是女老師執教鞭的歷史因由。為了招攬女學童就讀，並兼顧社會上男女授受不親的保守風氣，女老師就成了總督府的錦囊妙計。既然女老師的出現如此具有「市場取向」，由於女學童遠少於男學童，女老師師資培育的歷程晚於男教師，也不難想像了。

請多指教：女老師的養成

一八七四年，日本本土開始設立女子師範學校，錄取一百人，有一百九十三人來應考，其中有七十四人考上，但因為女子師範學校的背誦中心主義讓這群充滿求知欲的女孩們大失所望，真的畢業的竟然只有區區十五名。直到一八九二年，全日本四十七所尋常師範學校中，有二十七所設置了女子部，大開女師資培育之門。

在臺灣，總督府國語學校負責培育臺籍師資，女老師的培育則交給臺北第三高等女學校。這所學校最初是一八九七年在士林成立的國語學校第一附屬學校女子分校，招收女學生的目的在於培養教員，一八九八年公學校在各地陸續成立後，該校畢業生遂成為各公學校爭相延攬的對象。一八九八年第一附屬學校廢校後，女子分校獨立成為國語學校第三附屬學校，分成修業六年的本科和三年的手藝科，每年養成的女老師雖不多，但已是當時臺灣栽培女老師的唯一機關，大家習慣稱之為士林女學校。士林女學校的畢業生中，王阿娥、曹愛卿和郭明媚三人因表現優異，畢業後被延攬為該校教師，報紙上以「女師始有」來報導臺灣的首位女老師，但這則報導的背後，其實也透露了日治初期女老師缺乏的窘境。

一九〇二年，第三附屬學校改稱為第二附屬學校，總督府並於一九〇五年將第二附屬學校中的本科改為專門培育臺籍女老師，但旋即於一九〇六年廢止本科，手藝科改名為技藝科，並另設師範科和師範速成科來培育女老師，但並沒有招生，又在一九一〇年改名為附屬女學校。

一九一九年〈臺灣教育令〉發布，附屬女學校總算得以「扶正」，從改名為師範學校的國語學校獨立出來，成為臺北女子高等普通學校，停辦技藝科，另設修業一年的師範科，性質上像是短期師資訓練班。同年，彰化也新設了彰化女子高等普通學校。

一九二一年，臺南女子高等普通學校設立，臺北女子高等普通學校不再是臺灣唯一的女學校，卻仍然是女老師養成機關的鰲頭。

一九二三年，臺北女子高等普通學校終於改制為史上有名的「臺北州立臺北第三高等女學校」，除了修業四年的本科之外，還有修業一年、專職公學校教員養成的講習科。在當時，三高女可說是菁英學校，學生入學時對學校有著強烈的認同感與榮譽感，特別是穿上黑色制服的時候，對於將來成為女老師一事非常有自覺，學習態度很積極。一九二八年，由於臺北第一師範學校設立了女子演習科培育女師資，三高女的講習科遂廢止，另設

臺北州立第三高等女學校師生合影。臺北第三高女是日治時期培育女師資最知名的學校。

補習科，課程主要分成教員養成、升學準備與家事補習等三大類，但其中最熱門的還是教員養成課程，投考者多，錄取者在鄉里上多被誇讚是了不起的女孩子。

從三高女的校史來看，學籍在籍的人數從一八九八年的四十六人，一九一二年突破百人，一九三三年度的在學學生已經超過六百人，可見到了這個時候，女老師不僅獲得社會上的一致好評，也是女孩子就業時最佳選項之一。一九二三年這年，還沒成為昭和天皇的裕仁皇太子來臺視察，日本發生關東大地震，臺灣發生治警事件，政治運動者和臺灣總督府正面對決，臺北三高女成立，總督府也在第一師範學校設置女子演習科，加上其他女學校，女子教員的養成形成百花爭鳴的景況。

女性教員的養成課程早期偏重技藝，技藝課程與普通課程占比約六比四，一九二〇年代逐漸轉為普通教科中心主義，本科的修業年限也從最初的半年速成逐漸拉長，更重視教學能力的培養。從課程的安排與修業年限可以了解，女子師範教育正逐漸成形、穩定，多少也能看到時代與政策的變化，以及當局對於女老師角色期待的轉變。

一八九八年，臺灣僅有七十四所小公學校、不到八千個臺籍學生。一九四一年起臺灣依照〈國民學校令〉實施強制義務教育，到了一九四四年，國民學校已經多達近千所，學生人數接近八十八萬人。學生變多了，教師需求自然增加，再加上日治末期因為戰爭導致教員不足，當局遂廣開合格教師之門，除了透過教員講習會等研習活動，將非師範體系出身的女性認證為合格教師以充不足外，又多設了臨時教員養成所來培育教

女老師養成課程早期偏重技藝中心主義，負責的課程以家政等課程為主，因此師資培育上也重視家政等實務課程。圖為彰化高等女學校學生農事作業情形。

師，女老師人數因此逐年提升。

統計顯示，公學校的女老師在一九二〇年代突破四百人，一九四〇年代提升至千餘人，一九四四年更是超過三千人。但整體而言，就教員人數來說，男老師始終遠多於女老師，只有在日治末期政府徵調男性上戰場後，女教員的比例才較過去提高，但仍未超過男老師之數。

除了學制在改變，這群將來即將為人師的女孩們，思考也一直在改變。早期官方為了提升公學校的就學率，特別鼓勵地方士紳送子弟到公學校讀書，以興示範效果，帶動地方就學。當時能夠上學的女孩子多半出身富裕人家，不少女學童的家長本身即為知識份子，或是曾與當局有往來，比較能夠接受公學校教育。有些女孩的父親曾接受公學校教育，或曾受聘為官廳通譯、委託人，較一般人提早接觸為政者，成為官方鼓勵就學的目標族群。也有些女孩出身基督教家庭，態度開放，較能接受近代教育體制。

另一方面，富家女童因為纏足者眾，上學非常不便，多少影響了女孩們上學的意願。據稱，士林女學校的老師要帶纏足的女學生外出遠足時，即使只是從士林走到劍潭，中途也得休息四次。上學這麼不方便，將來又未必需要這份得來不易的學歷，自然容易放棄。

好在隨著時代與社會風氣的轉變，不纏足的女孩多了，積極規畫自己未來的女性多了，再加上社會逐漸認知到老師是個高尚的職業，想成為老師的女孩也就多了。從高女的低錄取率及女老師在社會上的高評價就可以發現，時代變了，女孩們的思想也變了。

春風化雨的理由：成為老師的動機

話說回來，這些女孩子為什麼偏偏想當老師呢？談到女孩子當老師的動機，其實每個時期有每個時期的不同考慮，大致上可以分為理想面、現實面與時代背景的影響等因素。

最常聽到的是來自師長的鼓勵。很多老師回憶自己就學的過程中，總有那麼一位長輩鼓勵她們報考女學校，這位長輩可能是學校老師、校長，或身旁其他父執輩，這位長輩通常也會幫她們說服女孩的家長（在那個父強母弱的年代，說服的對象通常是女孩的爸爸）讓孩子繼續升學。而他們最常對女孩說的話，大概是「妳很適合當老師，女孩當老師最好了」這類的讚語，女孩們聽到這句話後，就像中了魔咒般，矢志成為老師而拚命讀書。

當然，「老師」在當時能成為許多女孩的就業首選，多少也配合了高女的女性高學歷在社會上所獲得的推崇，以及女老師受到家長、鄉里與學生的尊敬有關。前面提到的陳右滿說，會繼續升學未必是成績最好的，而是老師特別鼓勵，並和家長溝通。

不過同樣是長輩的鼓勵，不同時代的「鼓勵」，在語氣與說法上可能也差很多。比如說戰爭期間，官方鼓勵全民為國防盡力，即使是女學生也不例外，某位老師問班上女學生是要上中國戰場當篤志看護婦？或是當公學校女教員？學生因為不想上戰場而選擇後者，從此走上教學之路。在這個例子中，老師的話聽起來不太像鼓勵，反倒像威脅。話說回來，好多人都曾表示，當時社會上普遍流傳著不當老師就要被抓去送往中國戰場當從軍看護婦的說法，本來未必想成為女老師的，教書反而成為能夠留在鄉里的權宜之計。

隨著民眾觀念的改變，以及教育對社會產生實質影響，女孩子上學受教育已經不是稀罕的事。

理想面則是考慮個人特質與興趣的結果，抱持此種動機的老師多半是小時候就喜歡小孩，對教育有興趣或熱忱，或是成長經驗中最常接觸、可以模仿的就是老師，再加上又沒有別的符合自己專長或興趣的工作可以選擇，既然大家都說老師不錯，那麼就去教書吧！

至於現實面的考量，最多人表示，當老師是因為考慮到待遇較優渥。一九四〇年代任教嘉義白川國民學校的某位女老師說，女老師普遍被認為是神聖的工作，生活也相對安定，社會地位高。除了待遇好之外，女老師的附加價值也不少，像是老師社會地位高，又給人淑德的形象，擇偶時可以大大加分，對女生來說，是再好不過的職業選擇。而且當老師又有寒暑假，平時夫妻兩人都可一起工作，多好。

在特殊的時代背景下，當老師一度是不得已的選擇。像是之前提到的，戰爭時期男性被徵用上戰場導致教員一時不足，女性於是走上教育戰場，一肩扛起教育的重要任務。

女老師，授課、訪問樣樣來

日治時期的老師一定常常在想，如果只要負責教學就好，那該有多輕鬆！因為老師的工作範圍可不只教學而已，和現在一樣，老師除了平日的授課，例行的運動會、家長會之外，還有教學研究會和教學觀摩。某位臺灣老師回憶自己教書那幾年的教學觀摩時說，學科方面通常由男老師負責，女老師則是演示藝能科。本文一開頭是一九三〇年代某位女老師的日記片段，她把教學現場寫了下來，有好玩的部分，也有令人感嘆的故事。她還寫到某日教學觀摩前學生問她：「老師，為什麼教學演示總在我們班上？」從學生的反應可知，教學演示的場合恐怕不少。還有一首短歌寫了「輸給蚊子了。年輕的女教員列席沒有蚊香的批評會」，以及「在七十個孩子緊緊塞滿的教室裡，教學演習」，都寫出了女老師的辛苦及壓力。

其實這位女老師的日記裡還有很多值得玩味的段落，像是「她是校長的太太。家長日時，她直接走進教室，在我班孩子的作業簿與作品上加上媽媽的手。」意思是指任意地改動孩子的作業，讓老師不勝困擾，有苦難言。

家庭訪問也是教學工作的重頭戲，除了例行的家庭訪問，對於到校率比較低的學生，老師也得到家裡去看看，一部分的原因當然是出於老師對於教育的使命感，另一方面則是因為當局希望提高就學率，多少給予老師們壓力。一位女老師回憶日治時代到學生家裡訪問的情形，遇到家遠的學生，就得先坐公車再走上一段長長的路，光是交通時間就耗去大半心神，非常辛苦。要成為「女子」教員「好」老師，不容易啊！

「好」為人師：女老師的待遇

平平是老師，職稱和位階也有好多種，每個時期各種教員身分的待遇也不同。基本上，如果是師範學校或師培體系出身，畢業後通過考試即可取得教師的資格，等待官方分派服務學校。另一種情況是雖非師培體系出身，但具有教學經驗與能力者，可以參加官方的檢定，通過者一樣具有老師資格。不過在實務上，是否為師範學校畢業的科班生在職務上多少有高低之分，譬如師範生的老師職稱是「訓導」，職等高，薪水也高，多擔任主科的教學工作；三高女畢業的則多擔任「教員心得」的雇員。

小公學校老師分成正式教師和代理教師兩種身分，合格教師又分成「教諭」與「訓導」，教諭等級較高，初期皆以日本人出任，直到一九一九年才出現第一位臺籍女教諭。一九二二年，教諭改為「訓導」，另將舊制訓導改為「准訓導」，底下又各分幾種等級。代理教師自一八九八年統稱為雇教員，包含約聘教師的「囑託」和雇員。一九一八年雇教員又改名為「訓導心得」，一九二二年又改名為「教員心得」，一九四一年最後改名「助教」。

光是職稱的改動就是一串落落長的歷史，每種等級的薪水不太一樣，即使是同樣職稱，隨著時期不同，部分職務職等不太一樣，待遇也不同，再加上服務年資及加俸，而且日本人在本薪之外又有六成的外地加俸，因此公學校教師的待遇實在很難一概而論。在此提供一個數據做為參考：公學校訓導是判任官，依照俸等不同，一九三二年的月薪大約是四十圓至一百四十五圓不等，准訓導月俸是三十圓至七十五圓之間，服務滿五年後可視表現加薪。

林阿穩和女詩人張李德和是三高女的同學，一九一〇年畢業後奉職南崁公學校，起薪十一圓；林翠娥於一九二三年任公學校訓導，月薪四十圓。到了一九三五年，一位鹿兒島出身的日籍男老師在履歷表上謄載，他擔任公學校訓導，月薪是四十六圓。日治末期的一九四〇年代，一九四一年任安坑國民學校住校的張香花，月薪三十七圓；林水蓮是日本統治下最後一批女老師，她在一九四五年三月畢業於臺南州立嘉義高等學校，四月到嘉義玉川國民學校擔任助教，月薪四十二圓。

老師的升遷與待遇全憑考核，不一定每年都有升遷的機會。陳愛珠最初擔任教員心得，起薪三十九圓，回到出身地羅東服務後升任訓導，薪水大概提升到四十五圓。從老師的履歷書及升遷資料還會發現，老師們每次升薪水其實稱不上多，大約一圓、兩圓。以纏足女老師蘇劉扁為例，她在一九二二年薪水四十三圓，一九三〇年升到五十三圓。當然，老師們教學表現好時，也會有薪資的獎勵。

整體而言，男女教師之間薪資不同，男性高於女性，而男女師資之間同工不同酬不只在臺灣，在日本也一樣，這也是最初促成起用女老師的原因之一。至於學歷出身，師範學校畢業的科班生薪水較高，身為臺灣人或日本人也有影響，日籍老師因從日本到遙遠的「外島」服務，另有六成加俸。有些臺籍老師對六成加俸心感不滿，認為初到人生地不熟的臺灣，有加俸還可以理解，一旦落地生根後還領六成加俸就很不合理了。有的老師說，平常對臺、日籍教員之間沒有什麼不同，但只要到了發薪水的「月給日」，心中就會有點不是滋味。

女性夢幻職業榜首：女老師的社會地位

憑良心說，對女性而言，老師真的是社會地位與待遇雙高的職業。以一九三〇年代末期各種職業的最低起薪來比較，女老師的起薪已經遠高於女工、新聞記者、官廳雇員、護士，起薪能夠比女老師高的，只有女醫師等菁英職業。

女老師能在社會上獲得頗高的地位，原因很多。首先，傳統儒家社會本來就存在推崇知識份子的觀念，對於老師的尊敬，更是隨著臺灣漢人社會的建立而被構築起來。其次，在女子就學率普遍不高的日治初期，受到家長支持通學讀書的女孩多半來自中上階層家庭，在地方上本來就算是有點地位的人家。另外，女孩們本身的能力與努力，也為她們博得不少的讚許。雖然在官方的支持與民間人士的鼓勵下，女子教育逐漸受到重視，高女在當時畢竟算是高等教育，能讀到高女，又能取得教師執照到公學校教書的女老師，基本上都被視為菁英。

老師的崇高地位也在其他幾個面向表現出來，不只很多老師都說在學校受到學生的尊敬，在校外也受到家長與社會普遍的尊重，只要家中出了一位女老師，通常人人對生家的家教都是豎起大拇指，女孩有才情；到了適婚年齡，職業是女老師的女孩子不只是良品，更可說是極品。「女子」是兩個字，合在一起就變「好」，對日治時期的女老師來說，不僅是「『好』為人師」，更是「最『好』為人師」。連醫學博士丸山芳登也說，日治時期女性從事的職業中，老師算是社會地位較為高尚的一種，其實不只是執業的老師，就連擁有教師資格的女性，鄰里一樣十分敬重。

不過，男女同事之間還是稍微有些不同。女老師在養成過程中，賢淑婦德的價值養成也是重點之一，像是裁縫、家事等課程，以及對於禮儀等訓育工作，主要委由女老師負責，是對於女性「女性化」特質的投射。在這樣的價值觀下，雖然女老師和男老師大致上相處愉快，男尊女卑還是隱藏在教育界的潛規則裡，男老師總在教壇中居於指導位置，對於男老師的主張，女老師通常不太發表意見。有人說，女老師是「學校之母」，具體而微地說明了社會對女性在教育現場所扮演角色的期待。

此外，老師是公務員，正式老師具有官階，一直以來，男老師有制服，前期男老師甚至還有配劍，直到下村宏擔任民政長官任內才取消，女老師卻連制服都沒有。

一九二七年彰化某位男老師曾建議，當時無論是哪一所女學校都有規定學生制服，那麼從經濟上與專業形象考量，女老師也應規定制服，增加正式感。

謝謝指教：女老師的離職

理論上，老師是仰賴特定專業的職業，不像靠長相或聲音吃飯的服務業有一定的賞味期限，老師一旦拿起粉筆，一教可以一輩子。的確，受師範培育的女學生，多數在畢業後也都到學校服務，成為女老師，當然也是因為公費生有畢業後必須服務一年的義務。但統計數據顯示，臺籍女老師的服務年資意外地並不長，不像男老師終生俸職，日治時期的女老師多數服務二到四年後就離職了。

學者指出，老師「謝謝指教」的原因有幾種，比如說取得教師資格後由政府分發服務學校，等待分發的老師無不希望能夠分發回出身地服務，若能分到母校更好。分發時雖然也會考量當事人的出身地，但未必一定能夠如願，要是不小心被分發到較遠的地區，有些老師可能就會因此放棄分發結果，或是教了幾年書之後，不堪路途遙遠而離開。

另一種常見的情況是結婚。結婚對女性的影響很大，首先，它可能造成女性的遷居，一旦結婚之後搬到離服務學校較遠的地區，女老師可能就會選擇離職。又或者，結婚意謂為人妻後得負擔操持家務的責任，日後還可能為人母親，養兒育女，如果家中不是非得這份收入才能過活，或許就會考慮離職，專心家務，拉拔子女。像是文化協會運動者的醫師林麗明的夫人林蔡素女士，就是因為結婚而辭去教職。

然而，即使結婚可能造成女老師們放下教鞭，但相對於其他職業的女性來說，女老師已經算是具有高度自主性的工作了，如果不影響家庭生活，老師的職業和結婚並沒有直接的衝突，已婚身分也不會拉低女老師的社會地位與職場價值，所以無論是日治前或是戰後，已婚的女老師仍所在多有，沒人覺得已婚還得教書是強人所難。

此外，就算不談女老師可能出身家境較優渥的家庭，女老師的高社會地位，在談論婚嫁時，坦白說，他人也會介紹與之相應的對象，剛剛提到的林麗明醫師與林蔡素老師，就是「醫師」與「老師」這樣「療身」與「養心」的組合。林蔡素曾說，三高女畢業的學生都喜歡嫁給醫生，因為醫生的生活安定，有錢又有社會地位，老師雖然也是個社會地位頗高的職業，但收入自然不如醫生。「醫師配老師」，兩者可說是「門當戶對」。

同樣身為知識份子，女老師受到的尊重來自於她們是比一般人更知書達禮的女性，但社會上普遍存在「男尊女卑」與「男主外女主內」的角色分工，因此她們仍然受到「婦德」的規範。回顧臺灣史會發現，在缺乏政治活動空間的臺灣，許多男老師懷抱著知識青年的苦悶與壓抑，他們之中甚至有人起身而行，投身政治運動，但人們並不期待女老師也能像男老師一樣站到第一線來，雖然也有像臺共成員蘇新的戀人、宜蘭二結公學校女訓導陳阿素這樣的前衛女子，但多數女老師的優秀，在壓抑的殖民地裡還是必須稍稍退讓。但這不代表她們不懂或不願。不少日治時期的女老師戰後紛紛投身政治界，像是國大代表謝娥就是女老師出身，表現巾幗不讓鬚眉。女老師從政，固然與戰後時局的變遷有關，但也說明了她們如何在地方上被視為菁英，以及能力沒有性別差異。

令人料想不到的是，當年對於女老師求人若渴，當局不得不用各種方法來增加女老師人數，百年後卻是女老師多而學生少，得趕緊限縮師培管道。今天的我們，同樣認為能夠通過教師甄試而當上女老師的女孩子非常了不起，但意義上卻已徹底不同了。

電話接線生

請問幾番：

ワ 20	ラ 19	ヤ 17	マ 15	ハ 14	ナ 14	タ 11	サ 7
ヰ 19	リ 19	イ 18	ミ 15	ヒ 15	ニ 14	チ 12	シ 8
ウ 18	ル 20	ユ 18	フ 16	フ 14	ヌ 13	ツ 13	ス 10
ヱ 2	レ 20	エ 2	メ 18	ヘ 16	ネ 16	テ 13	セ 10
ヲ 2	ロ 2	ヨ 2	モ 18	ホ 17	ノ 15	ト 14	ン 10

嘉義郵便

「喂，請問幾番？」
「呃，3578番的神農氏大藥房，謝謝。」
「我知道了，請稍等。」

九十年前的臺灣，電話話筒拿起來，聽到的不是「嘟——」的警示聲，而是這句：「請問幾番？」

大家都知道電話是貝爾發明的，也有人認為發明大王愛迪生才是電話之父，但日治時期的臺灣人才不管這些，而是在打電話前忙著翻找電話簿，好在拿起話筒時，能夠從容不迫地回答那句「請問幾番？」

熱線遠傳：電話交換制度

臺灣在日治以前即有電報業務，一八七四年牡丹社事件之後，沈葆楨曾奏請在臺南架設電線，劉銘傳推動新政時也設有電報學堂。不過這些都不是電話。《臺灣通史》記載，在高雄旗後行醫傳教的英國教士馬雅各曾於一八九〇年向官方申請架設電話，大概是目前文字可見的最早申請電話的紀錄，只可惜官方沒有核准。先不論官方是否准設，一百多年前就有近似於「空中大學」這樣通信教學的概念，實在是有創意。

日治時期的電話線架設首見一八九七年澎湖島守備隊各部之間，以及澎湖郵便電信局在馬公、西嶼間架設的電話纜線，這當然不是為了與民方便，而是為了官方單位聯絡之用。一開始架設電話的地方也都是官署公所，例如一八九八年臺北市內設置電話交換所後，電話號碼一號是臺北縣廳，二號是第八憲兵隊本部，八號是總督官邸，二十五號則是臺灣日日新報社。

直到一九〇〇年官方頒布〈電話交換局官制〉和〈電話交換規則〉，在臺北、臺中和臺南設置電話交換局，基隆、斗六設立支局之後，才開放電話讓民眾申請加入。現代日文的「公眾電話」是指路邊或公共場所的公共電話，但在日治時期，因為電話一開始僅提供官署申辦，帶有強烈官方性格，因此一九〇〇年前後出現的「公眾電話」一詞，指的是開放給民眾申請的電話，和現在指稱公共電話的「公眾電話」相比，完全不同。

想要申請電話的民眾，得要先向電話交換局提出「電話加入申請書」，載明某某人要在哪個地址裝設電話，在電話簿上要登記什麼稱呼與姓名等等。當時的電話線是走地上的明線，電話交換局在受理申請後會開始勘查申請地點附近的地形，如果當地已經有電線桿，就可以立即安裝電話；若無電線桿，就得先花一周的時間樹立電線桿再牽電話線。不只如此，當時的電話聽筒與受話器是分開的，電話交換局還會派人來家中裝設電話機。裝個電話，工程浩大。

千里傳音：電話交換局「從中牽線」

即使申請了電話，打電話也沒辦法熱線直通，而要靠人幫忙「從中牽線」。

每個電話號碼在電話交換局的電話交換台上都有一個專屬的插孔，電話拿起來，搖動電話上的轉軸後產生電流直通電話交換局，電話交換台的插孔鐵片就會翻下來，這時電話接線生就會將插線插入孔中，並問「請問幾番？」，然後再以另一插線插入發話者想要通話的對象。這時候，對方的電話機會因為與電話交換局通電而電鈴大作，吵著要受話端趕緊接起，電話接線生在與受話端確認可以通話後，就會把連著發話端的電話插線另一端插入受話端，兩方就可以順利通話了，通話結束後再將插線拔出，這就是早期的電話交換制度。

當年要享受電話服務，代價可不小。以一九〇〇年開放民眾申請之初為例，申請裝設電話要付費，每年要付加入電話服務的年費，將姓名、電話刊載於電話簿上要付費，打電話要付費，跨區打電話更要付費，搬家時機械移轉不用說當然要付費，等待接線生確認受話者狀態的時間也要付費，連等待電話接通時突然不想打了要取消通話，還是要付費。

光以電話服務的年費來說，臺北局下電話年費是一百二十圓，其他地區也要一百圓，在同一地址內，電話移轉費用需要五圓，移轉電鈴要花三圓，轉到其他地址更要花

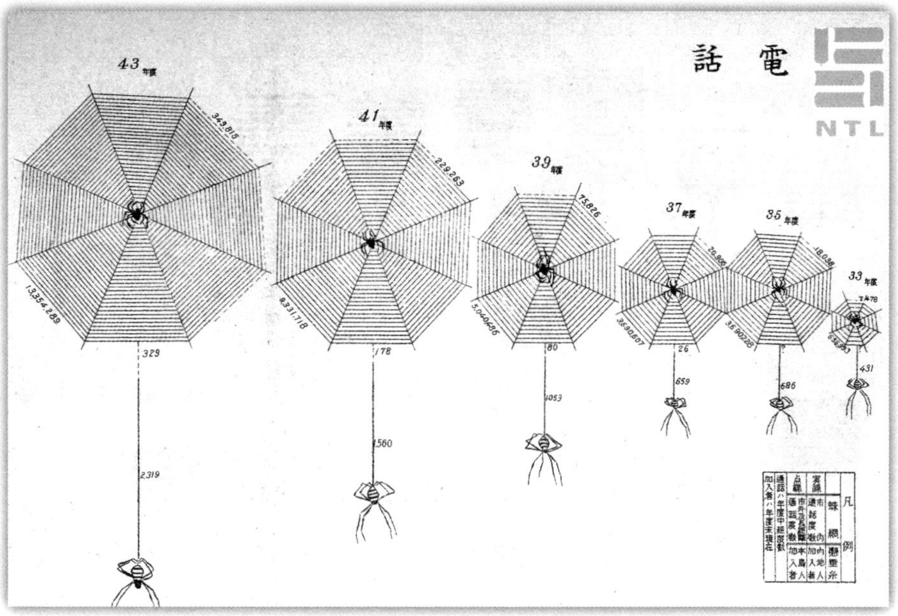

1900年至1910年電話線鋪設長度與申請數量圖，從圖可知，電話使用人口逐年增加。

費二十五圓的高價。當時香菸「忠勇」五十支一包售價十錢，知名的商家「盛進商行」在為茶葉徵集商標時，獲選的最高獎金也才五十圓，相較之下，電話的確是昂貴的奢侈品。

從申辦人數來看，一九〇〇年開辦民眾電話業務，當年申辦電話者有四百四十三名，一九一五年則有四千六百二十人擁有電話，十五年間申請人數僅增加四千人，除了和臺灣地域社會性格強烈，民眾比較少有機會需要和遠方的友人即時通話而不太需要電話之外，多少和電話服務的費用不貲也有關係。

雖然電話的申辦者人數不太多，但打電話的經驗卻與民眾生活息息相關。一九四〇年代一則來自新竹州立圖書館館員的小文提到，經常有人打電話到圖書館來：「喂，請問是圖書館嗎？請幫我叫某某某讀者來聽電話」，或是「圖書館嗎？請問我們的某某某有沒有去你們那邊？」這時候圖書館員除了問對方「請問您哪位？」之外，礙於圖書館內須肅靜的規定，不能大聲尋人，多半只能不了了之。文章內容看來與電話無關，卻告訴我們撥打或接聽電話已經出現在民眾的生活中。

順帶一提，民眾在申請電話時，選電話號碼也很講究學問。知名的臺灣文人鄭坤五有一次提到，某家耳鼻喉科為了加強民眾的記憶，特別選擇「三三八七」作為電話號碼，因為「三」在日文中可以讀作「ミ」（mi），「八」讀作「ハ」（ha），「七」則是「ナ」（na），加起來成為「ミミハナ」，剛好就是「耳朵、鼻子」。另外，藥店的電話選了「九三八」，因為發音剛好是「クスリヤ」，即「藥房」；葬儀社選「四二四八」，發音是「死人世話」，中文是「照顧死人」之意；俱樂部是「三七九六」，意思是「都是來娛樂的」，各具創意！

說得好聽：電話接線生

有些職業得等到產業成熟、市場大開後才會順勢興起，但電話交換生這個行業可不

電話帖即電話簿，日治時期各地均編有電話帖。電話帖的編纂，除了具有查詢電話的時代功能外，背後也透露著當地使用電話者已達一定人數。

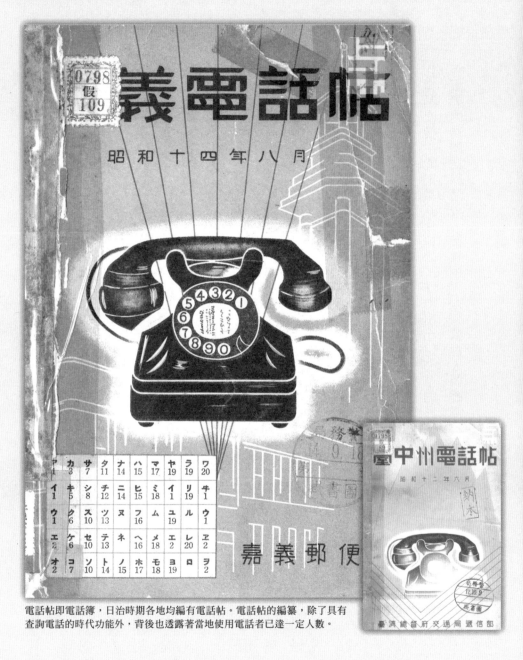

能等，在還沒有發展出自動式電話的年代裡，沒有電話交換生的妙手，訊息聲音就無法順利遠傳。

在日治時期，「電話交換生」的正確稱呼是「電話交換手」，並隨著電話的普及成為新興行業之一。一八九〇年，日本的電話接線生僅有六位女性與二位男性，六年後的一八九六年，已經激增為七十名女性和三十二名男性，儘管一九〇一年日本不再聘用男性擔任電話接線生，明治末期日本全國替人轉接電話的接線生卻已堂堂超過三千人，呈現十分驚人的發展。

電話交換生最初錄用男性擔任，後來因為男性電話交換生屢屢與顧客發生衝突，才改聘女性擔任電話交換工作，除了考量女性聲音好聽且比男性更能忍耐顧客的無理或情緒性發言，還因為電話交換業務必須在短時間內完成電話插線的連接，和女性心思纖細、反應靈敏精巧的特質再吻合不過。畢竟這個工作考驗的是速度及應對，其他工作稍微偷懶或許可以，電話接線生可是一刻馬虎不得。

果然，女性電話接線生一「上線」即大獲好評，電話交換手漸漸以女性為主，社會上也開始出現「交換孃」或「電話交換姬」等稱呼，「電話交換姬」又簡稱「電姬」。在日文中，「孃」是小姐的意思，「姬」則是女性的美稱，同時也有「公主」之意，女性電話交換生能把電話交換的工作做出小姐公主的形象，可謂一絕。然而，根據臺東一名記者的訪問紀錄發現，接線生不太喜歡別人叫她們「交換孃」，認為是不重視專業，

基隆電話交換所中電話接線生工作的樣子。接線生穿著制服，後方站著督導，交換室中電風扇呼呼吹著，一刻都不能鬆懈，煞是辛苦。

只注意性別與身體的貶抑字眼，女性意識十足。

重視聲音、應對與反應的職業特質，讓電話交換生帶有一點服務業的味道，因此並不是人人都可以成為電話接線生，得先通過考試才行。應試的條件不高，只要年滿十三歲且身體強健，特別是視、聽力無虞，言語明晰，動作敏捷，處事仔細，品行端正，沒有犯電信相關罪狀、禁錮、受懲戒免除官職、宣告破產等條件，即可報名考試。考試科目包含讀書、作文、筆跡與算術，基本上只要達到基本程度就可以了，據考上的人的說法，考試似乎不難。

考試錄取後還要通過電話接線生實習課程，但對年輕女孩來說，實習課程輕鬆簡單，一座電話交換台共有六十個電話插孔，只要假以時日反覆練習就能得心應手。

靠美聲吃飯

電話接線生是一個靠聲音吃飯的工作，其實不需要長相秀美，但民眾光聽聲音，多少對她們投以美麗的想像，大概就像我們多少對廣播節目主持人產生幻想差不多。某位不具名的男性曾寫下歌詠電話接線生的俳句，意思是家中的黃臉婆懶散又粗魯，不像接線生溫柔，句句聲聲揉人心坎。

電話接線生的聲音有多好聽，從一個小故事就可以看得出來。晚班的電話接線生下班時已經很晚了，有三位接線生共乘一輛計程車返家。其中兩人陸續下車後，最後一位接線生在車上和司機聊了起來，接線生柔柔地問了：「**司機大哥，您每天工作到幾點啊？**」

這位司機向來以認真負責聞名，但任憑誰聽到這樣的軟語也忍不住動搖心神，他忍不住掏心掏肺地回答：「**我們是辛苦的商人喔，每天都要工作到半夜一、兩點，有時候天還未亮時就要開始工作，不這樣的話賺不到吃飯錢啊！**」

聽到這樣的回答，接線生很貼心地說：「**好可憐啊！真的不輕鬆耶！**」

就這樣，司機也沉醉在美妙的聲音中，兩人聊著聊著，不知不覺就開過了頭，眼見過了家門司機卻還不停車，接線生急急地說：「**你要帶我去哪裡啊？**」

這時車子已過了臺北橋開往新莊的方向，司機反而加快了油門，說：「**你不喜歡嗎？就只是載你去兜風而已啊！**」

不愧是每天面對眾生的接線生，聽到司機這麼說，不慌不忙地說：「**討厭啦，司機大哥，快點帶我回家！我的小孩說不定這時候正在哇哇大哭呢！**」

司機聽到這段話，彷彿洩了氣的皮球一般，感覺到一種幻滅性的悲哀，即刻回頭用更快的速度把接線生送回家。接線生的妙音，居然可以讓一個人人稱讚的模範司機心神蕩漾，又能臨機應變，善用言語，巧妙地化解自身的危機，真是了不起！

電話接線生的社會地位

一般說來，電話接線生能給人年輕健康的形象，和從業人員都是年輕女孩有關。以一九一一年臺北電話交換局內日籍電話接線生平均工作年資為十九．一個月，臺籍電話接線生是十七．八個月為例，大概都一年多就離職了，而且日籍電話接線生平均年齡為十七．八歲，臺籍電話接線生更只有十七．五歲，年紀都很輕，二十歲就可以升任督導工作。當時有位名叫陳阿賢的電話接線生，從事電話接線生的工作才三年時間，已經是局內最資深的臺籍接線生了。

這種現象到了一九三〇年代還是差不多，一九三八年嘉義電話交換局的接線生約有六十五名，年紀幾乎都介於十六歲至二十一、二歲之間，只有一、兩位是二十七、八歲的「輕熟女」，這雖然也和女性到了一定年紀就會淡出職場、走入家庭的社會文化背景有關，但不少電話交換局強調電話接線生的年紀與柔美韶音的情況，還是讓人不禁感嘆：年輕真的就是本錢！

整體而言，儘管電話接線生已是形象清新亮麗的女性上班族，卻不被民眾認為是高社經地位的工作，這可以從幾個角度來解釋。首先，要成為電話接線生不需要高學歷，基本上只要具有相當於小學畢業的學歷就可以應徵，雖然日治時期有半數的女性可能沒有小學學歷，但是對另外一半的女性來說，小學學歷也只是最基本的等級而已，比上不足，比下有餘。

其次，電話接線生被要求擁有甜美的聲音，過人的耐心，以及不可回嘴的堅毅性格，這種標榜「親切第一．體貼優先」的職業訓練與要求，讓有些客人誤以為可以輕薄接線生，頤指氣使、言語挑釁的人所在多有。

最後，這個工作其實並不壞，曾經是年輕女孩就業時的首選，但隨著女性就業市場的擴大，銀行行員、公司職員等職業興起之後，電話接線生的薪水不高、工作時間長、必須忍耐無理的抱怨等工作條件，漸漸地就不再像過去那樣受到女孩們的青睞了。

對於年輕女孩子來說，從事電話接線生的工作往往只是生命中的一段插曲，到了一定的年紀後，她們就會告別職場，回歸家庭。婚前的工作固然是為了改善家中經濟、幫忙家中生計，是個人人都稱讚的好女孩、家長的好幫手，可是曾經上班工作的經歷，卻在物色結婚對象時成為「美中不足」的缺陷，為了加強自己的「賣相」，女孩們多半利用空餘時間積極充實自己，有的人半工半讀，有些人學插花、書法、裁縫、繪畫，社會注視著電話接線生的嚴厲視線，逼著她們承擔更多職業內外的壓力，時時刻刻上緊發條，不敢鬆懈。

請問幾番：電話接線生的工作內容與待遇

那麼，幾番的「請問幾番」下來，薪水到底又有幾番呢？

無論在臺灣或日本，電話接線生的薪水都是採用日薪制計算。東京中央電話交換局的電話接線生招募條件為尋常小學校畢業的女性即可，尋常小學校畢業大約等於今天的小學畢業，在昭和前期的東京，擁有小學學歷的電話接線生日薪為五十二錢，如果是高等小學校畢業者（約等於國中畢業）有五十五錢，高等女學校學歷者更高，有五十八錢，工作滿三個月、表現優良者就可以調薪，加上各種津貼、補助與獎金，薪水還算不錯。

相較之下，臺灣的電話接線生好像就廉價了一點，一開始擔任電話接線生時，每天的薪水是三十錢，工作滿半年且表現穩定的話就會加薪，加薪後日薪約四十錢至四十五錢，額外還有每月七圓的津貼，算一算每個月可以領約十六圓至二十六圓餘不等，若再加入物價等社會背景的考量，比起東京的薪資，臺灣電話接線生的待遇，只能算是還過得去。

工作時間基本上採取兩班制，上午八點到下午三點是一班，下午三點到晚上十點又一班，另外，每四天會有一次下午三點到隔天上午八點的夜班，夜班看起來工作時間很長，但是總能夠透過彼此交替獲得四小時的睡眠時間。

電話接線生每天的工作中，什麼時候是尖峰時刻呢？一年之中，打電話的次數是否隨著季節有淡旺季之分？又是誰最常打電話？根據一九一一年臺北電話交換局的調查結果顯示，早上七點到八點之間，一名接線生平均要轉接一百一十通電話，上午八點到下午兩點則要轉接八十通電話，下午兩點到十點也是一百一十通，至於下午十點到十二點又高達一百七十通，最令人不可思議的是，凌晨零點到早晨七點間，竟然也要轉接高達兩百九十通電話。至於一年之中什麼季節電話使用率最高？答案是十一月至一月的冬天時節，大概是冬天天氣冷，任誰也不想出門，遇事電話交代即可，再加上這段時間包含了臺灣人的舊曆新年和日本人的新曆新年，家中裝有電話的有錢人家免不了又是來來往往的電話拜年，電話使用率居高不下。

臺灣特殊的地形造成地方社會各自發展的獨立性強，商家企業或交遊廣闊的富有人家才有獨自設置電話的需要，其他地方多半僅地方行政單位或少數人家設有電話。

同一份調查報告也顯示，官廳是最常使用電話的大金主，其他像是醫院、總督府土木部、鐵道部、臺灣銀行、檢番、旅館、餐廳，都是使用電話的大戶。

至於工作內容，顧名思義，就是連結發話端與受話端即可，將插線插入插孔後輕輕問聲：「請問幾番？」就是電話交換生每天不停複誦的一句話。

但畢竟是人工的工作，多少也會有偷懶開小差的人性。某位署名「紀南生」的讀者投書雜誌《實業之臺灣》，抱怨某次有急事打電話給友人，接線生告知他對方正在電話中，他只好稍後再打，但連續打了十幾次，都得到接線生「電話中」的回答，心想這位友人根本不可能這麼忙碌到始終「電話中」，於是趨車前往「電話中」友人家一看，發現對方根本一日無來電，讓他對接線生的工作態度非常憤慨，推測三五個年輕女人聚在一起就會道人是非的共通性，要求當局應該好好督促接線生的工作情況，約束接線生工作中盡是浮事雜談的鬆散態度。

所謂「馬有失蹄」，別說再細心的人難免也有失手的時候，轉接錯誤有時候不能全怪接線生，日治時期臺灣不只有臺灣話和日語，光是日語就摻雜日本各地的方言，臺灣話也難免有些口音，錯聽電話號碼、電話筆記錯誤或是手誤，都可能造成接線錯誤。使得顧客不悅的結果，就是換得顧客再次打電話進來的一頓臭罵。

有耳無嘴：不為人知的辛酸

電話接線生也有一些不為人知的辛酸。一九二二年一位叫做「安田生」的讀者提到，常常有民眾打電話到電話交換局時，不說對方的電話號碼，僅以對方的姓名就要求電話接線生轉接，電話接線生只好急忙查詢電話簿，相對耗費較多的電話轉接時間，引來民眾抱怨；或是民眾不假確認，光憑記憶報出錯誤的電話號碼，轉接錯誤就怪罪電話接線生手腳怠慢；通話時若對方不小心將電話切斷，或是通話品質稍有不佳，甚至連對方沒有接到電話，都是電話接線生遭殃。面對「妳動作太慢了吧？」或是「怎麼那麼笨？」這種幾近羞辱的抱怨，電話接線生也只能「抱歉」換「抱怨」，一句「非常抱歉！」苦與淚，都往肚裡吞。

面對客戶無理的抱怨或辱罵，電話交換生被千叮嚀萬囑咐千萬不可回嘴。基隆的電話交換局特別列出「電話交換手十訓」，交代身為電話接線生的「應為」和「勿為」：

1. 對應敏捷正確，不用說，對應民眾時應以親切仔細為要。
2. 適切使用電話事務員用語，整體而言不可無禮，務求簡潔，特別是像基隆這樣聚集許多方自內地渡來者，更須注意用語。

3. 即使對方口出惡言，我們以牙還牙地罵回去，是不適當的。

4. 說話時要視同面對面說話一般，切勿抱持著與機器說話的心態。

5. 須設身處地為使用者思考。打電話者多為急用，對此不可延遲，且使用後要再次使用或打給他人時，若電話未掛掉，讓對方誤以為是否故障，將對對方造成困擾。

6. 犯錯時須道歉，找一堆理由只會讓對方不愉快。

7. 使用交換機時，勿忘自己所從事的是重要的媒介之職務，因此須謹慎從之。若認為這是空暇而稍有鬆懈，將致錯誤。

8. 從事電話交換的女子事務員切勿忘記自己是女性，女性是思考緻密、動作靈活、行止嫻雅，且對萬事都具有強大自制力的。

9. 電話交換的工作帶有一種互相扶助的心態，請不吝於扶助弱者，並教育無知者，如此一來，一談到電話交換的成績時，將關乎大家的名譽，這也是本分。即使一人做了錯誤的行為而招致惡評，這絕不是一人之事，而是影響基隆電話交換局整體名譽之事，慎之。

10. 大家所從事的電話交換工作，是大家成為社會人的第一步，希望大家能藉這一

步累積修養，重視紀律與節制，忠於職務，唯有如此，才能親身收到電話交換成績之美果。

十訓中的某些教條，確實十分符合電話接線生的職業要求，像是犯錯時不可找理由解釋、要提供如同與顧客面對面溝通般的親切服務等，但是越讀到後面，越能了解十訓是如何地要求電話接線生對電話交換這份工作的認同感與榮譽感。

除了十訓，也不時要求電話接線生在接到客戶打電話進來抱怨、訴苦、閒聊、搭訕，說個沒完時，要耐著性子聽對方說完。換句話說，電話接線生偶爾也得充當情緒垃圾桶、生命線專線、某位陌生人的「臨時友人」，或是聲音甜美的「宅男女神」，還真的是沒有三兩三，無法擔任一個稱職的電話接線生。

不過，電話接線生即使在業餘時間也是非常忙碌的，她們忙著充實自己的才藝，聘請高等女學校的插花、繪畫、書法或縫紉老師到局內來，在業餘時間開班授課，上課時也像正式的高等女學校一般認真，也有些人利用工作中短暫的休息時間讀書，或是下班後通學上課。總的來說，電話接線生是個對自身有著極高要求與認同的工作，它不只是女性就業的收入來源，也是德行與才藝的養成機關，她們多數雖然都不是女學校畢業生，卻有一種不輸女學校學生的向上感，進修氣息濃厚。

臺北電話局。電話交換局內空氣不流通，肺結核遂成為電話接線生的職業病。

「電姬」再見：電話接線生的沒落

電話接線生的工作也是有職業病的，當時的醫學文章顯示，長期坐在密閉空間的電話交換生較其他工作容易罹患肺結核，這當然與空氣流通有關，隨著後來電話交換局空間的改善，以及醫療技術的進步，罹患結核病的情況改善很多。

能夠持續電話轉接工作達一年半以上的電話接線生，已經是「長壽」的了，在多數的接線生職業壽命均不長的情況下，職業病並不是造成電話接線生沒落的主因，真正的原因之一，在於自動式電話的發明。

隨著電話使用者的人數日漸增加與通信技術的改良，自動式電話誕生了。自動式電話是電話接線生的剋星，因為它能自動轉接，不需要靠電話接線生居中牽線。在過去的交換式電話時代，發話端需搖動電話機上的轉軸通電後，才能委託接線生代為轉接，但自動式電話機上附有圓形的數字轉盤，每轉一個號碼，電話交換局的主機就開始自動感電連結，不用擔心人工轉接錯誤或是通話過程中遭斷線。通話結束後，也只要掛上電話話筒，再度拿起即可撥號，進行下一次通話，不必再請接線生協助斷線，當然也就不再受限於人工限制，晝夜皆可通話。整體而言，自動式電話是一種更快速的電話交換業務。

一九二三年，日本在大連首先試行了自動式電話業務，接著陸續在東京、橫濱實施電話自動化計畫。到了一九三五年，日本全國有百分之二十四的電話都採用自動式電話。臺灣則是在一九三二年首先在高雄試辦自動式電話業務，接著全臺各地陸續設置自動電話交換局，逐步取代傳統的電話轉接業務。

一九三七年，某位小朋友的日記上寫道：

今天媽媽上街去了，我一個人在家，家裡的電話響起，我接了起來，對方問：「是總督府嗎？」我回答：「您打錯了。」沒想到對方說：「什麼嘛，又打錯了，這自動電話真是不行。」喀！一聲就把電話掛了，這是如何沒禮貌的人！打錯電話時說一聲對不起就好了嘛，這種沒禮貌的人真令人生氣。

自動電話剛開始實施時，像這樣的抱怨還真不少，不過就整體而言，自動電話確實讓人感受到科技的日新月異，同時也加速電話接線生走入黃昏產業的速度。

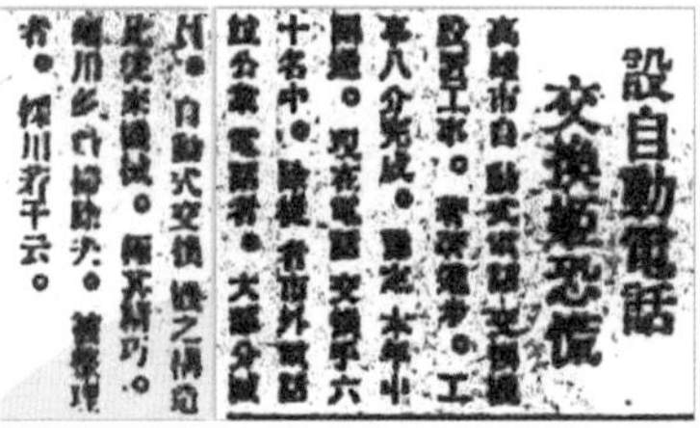

設自動電話　交換姬恐慌

自動電話的發明，讓電話接線生不再是電話業務中不可或缺的角色，電話接線生的人數隨著自動電話的普及而逐漸減少。

電話轉接技術的演進，讓一名接線生可以同時操作至少兩台的電話交換機，電話接線生的人數因而開始緩慢減少。一九三七年六月，由於臺北即將實施自動式電話業務，該年度本來預定招募的接線生因此停招，不少電話接線生隨著結婚順勢離職，也有人轉任其他工作。有人對電話接線生投以同情，希望能夠採自然淘汰的方式輔導轉業，也有民眾感嘆再也聽不到「喂喂小姐（モシモシ孃）」的聲音。

到了三〇年代，當多數人歡天喜地參觀臺北自動電話交換局，讚嘆內部冷暖氣俱全的新穎設備、通風良好的工作環境，以及餐廳、更衣室、遊戲室的人性化設置時，在社會一片送舊迎新的歡愉氣象中，被遺忘在一旁的，只有電話接線生落寞的背影，以及幽幽的那一句：「請問幾番？」

一臂之力：

產婆

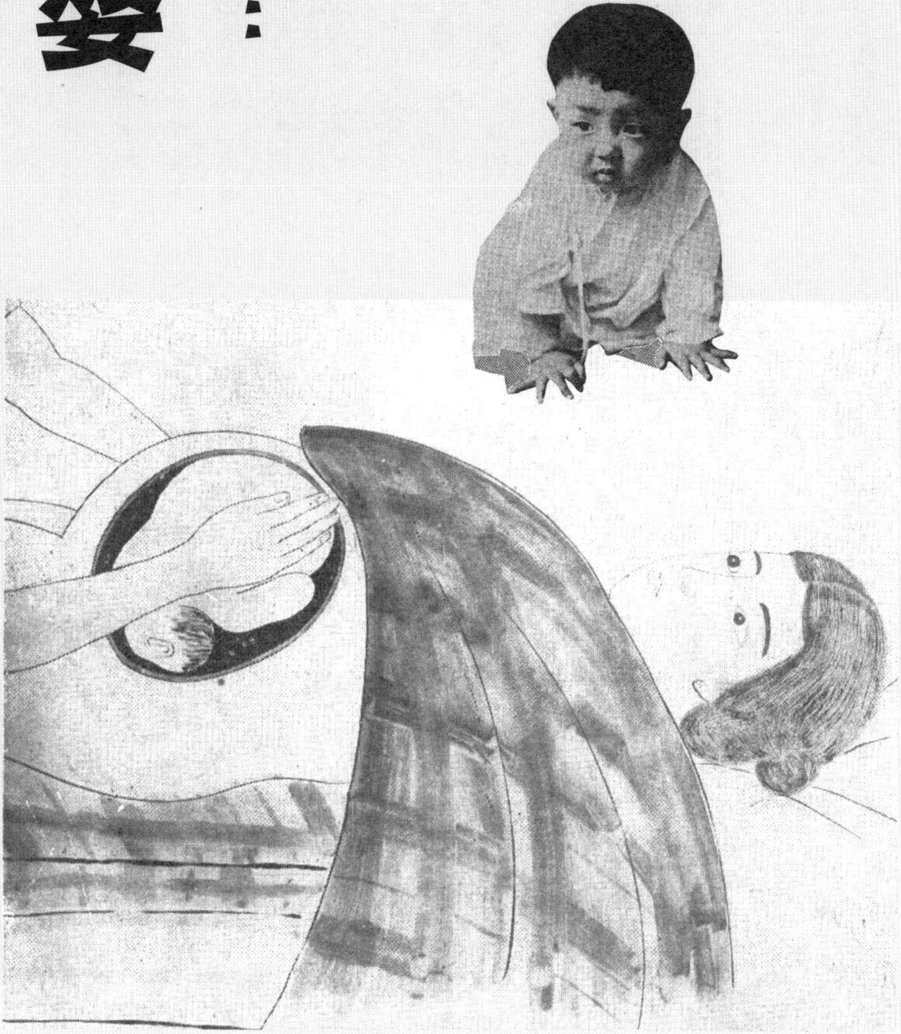

「燒水焚一鼎置在。」（燒一鍋熱水來。）
「要創甚貨？」（要做什麼？）
「要為囝仔洗身軀。」（要為嬰兒洗澡。）
「尚著更用甚麼貨不？」（還要用什麼東西嗎？）
「著碗捧一塊，尚滾水搯一罐來。」（碗拿一個，還有開水提一瓶來。）
「彼滾水要創甚貨？」（開水要做什麼？）
「要泡硼酸，可為囝仔拭嘴拭目睭。尚頂日買置在彼等物皆提來。」（要泡硼酸，要為嬰兒擦嘴拭目。還有前幾日買來的東西都提來。）
「好，好。」（好，好。）
「真恭喜，查晡的。」（真恭喜，是男孩。）
「勞力，勞力。」（謝謝，謝謝。）

經驗第一：日治以前的「拾囡婆」

臺灣的近代醫學教育分成兩大系統，一大系統由日治以前的西方傳教人員帶入，傳教士抱持著醫學傳教的態度，在臺灣建立了西方醫療體系，像是牙醫、外科等醫學技

術與教育都已見雛型。一談到北部的西方醫學，就會想到淡水的馬偕牧師與他建立的學校；一說到南部的西方醫學，一定不會忘記馬雅各牧師和新樓醫院。馬偕和馬雅各，都是遠渡重洋來臺灣，為臺灣醫療史寫下歷史性一頁的偉大人物。

另一個系統則在日治時期開始萌芽，從一八九七年「土人醫師養成所」的設置開始，臺灣醫學教育走出了另一條路。「土人」不土，發展的醫學教育很在地、很本土，發展的過程中，殖民當局也得面對既有的醫學產業如何整理與收編的問題，從很多領域的醫學教育與制度的發展，我們都可以看到在建立法規的同時，如何「另闢蹊徑」，將臺灣社會既有的職業納入近代化的醫療體系。

「產婆」這個職業，就是這樣走出了一條「生路」。

日治以前，產婆可以分成「先生媽」和「主子婆」，前者是有醫療經驗的女性，後者又稱「拾囝婆」、「收生婆」或「穩婆」。婦女要臨盆前，家人會請來產婆助產，不過這時候所謂的「產婆」，並不是一個正式的職業，只是村落之間有生產經驗的婦人，她未必具備正規的醫學知識與專業的技術，在那個沒有產婆執照制度的年代，她們當然也沒有執照，憑藉的完全只是自己生產及替人接生的經驗，就單槍匹馬地在「腥風血雨」中排「難」解「危」。

「那真是太危險了！」沒錯，一、兩百年前的臺灣人面對生產這件事，同樣認為「太危險」！正因為危險，從婦女懷孕開始，家人就得舉辦多種不同的宗教儀式來為婦女祈福，祈禱生產順利。像「安胎」，找道士到孕婦房中作法誦經，樑柱上貼符咒，安撫胎神別作亂；像「換斗」，一得知懷孕，就馬上持花到廟中祈福，請道士至廟中誦經，焚紙錢，三跪九拜，為的是將胎兒的性別由女轉男；懷孕期間不可看傀儡戲，避免生出無骨兒，不可在房中綁物，避免胎兒是手腳彎曲的畸形兒，不可穿針，不可動剪，不夜出，不看喪家請來的戲班，不觸棺，忍耐了將近一年的「不」，只為了那一天能順產。

由於當時的產婆缺乏專業訓練，生產過程中如果遭遇難產等特殊狀況，產婆同樣束手無策，家人只能趕快到庭院中祈求神明保

在科學不發達的年代，民眾依賴宗教的力量指點迷津。婦女生產前的安胎、生產時的順產，以及生產後的照護，均求助於宗教儀式。

佑，或是持槌子到院中用力捶地，希望趕快把孩子「捶」出來，不然就是請道士來「催生」。不用說，所謂的「催生」，就是拿著符咒或搖鈴念咒，祈禱胎神別作祟，讓母子均安。這樣的生產觀念，這種只靠道士「作法」的做法，當然無助於產婦生產，諺語說：「生得過雞酒香，生不過四塊板」，產婦最終能順產坐月子，還是死產歸西，自己好像也無能為力，只能無奈地期待命運。

專事「生產」：近代產婆制度與養成

在日治時期的相關法規中，「產婆」正式的名稱叫「助產婦」，戰後又稱「助產士」。日治時期屢屢有公醫或社會人士呼籲政府及早建立產婆培育制度，並取締無照產婆。

一八九七年，總督府在臺北醫院設立「看護婦養成所」。一九〇二年，臺北醫院訂立〈產婆養成規程〉，這份內規原則上僅招收修過院內看護學課程，並經過一年實習課程的學生，如果是沒受過該院訓練但有意願的人，經過考試認可後也可進入就讀。理論課程一年，學習解剖學、生理學、分娩、產褥等醫學知識，接著透過模型演練，還有新生兒疾病等課程。第二年是實習，通過畢業考試後頒給畢業證書。然而，當時符合資格接受相關訓練的都是日籍女性，直到一九〇六年，臺北醫院才首度錄取十三名臺灣女孩接受產婆訓練，她們都畢業自公學校，目前資料顯示，她們就是最早接受近代產婆訓練的第一批臺灣女學生。

另一方面，臺北廳於一九〇二年發布〈無免許產婆取締規則〉，開始積極取締無照產婆。一九〇八年，一位住在臺北的日籍女性無照替人接生，被官方逮到，處罰她拘役十天。一九一三年，還有一位叫做張蕙的婦人私自用菜刀替人接生，不但沒有消毒，還劃破產婦私處，導致大腸流出，緊急喚來公醫急救才撿回一命，張蕙也依刑事罪被起訴。

一九〇七年總督府公布〈助產婦講習生規程〉，在臺北醫院（今臺大醫院）設置助產婦養成所，招募十六歲以上、四十歲以下，具有公學校三年級以上學歷的臺籍女孩公費就學，開啟了臺灣女性成為產婆之路。政府不僅補助學生的食宿，外地前來就學者還另外給予津貼，課程以懷孕、分娩、產褥的生理、新生兒疾病論與模型演習為主，經過一定課程的講習後實施考試，通過考試即可取得助產婦開業資格。

不少產婆在接受訪問時都說，小時候家中環境不錯，至少是家中女孩不必小小年紀就出去賺錢幫忙經濟的程度，女孩自己也還算愛讀書，而之所以選擇讀產婆養成所，多半是家長贊成女孩繼續學習，又不用另外支付學費，有些則是因為考不上女學校，又想讀書才去讀產婆。總之，多數不是因為家中缺錢，經濟環境不佳，不得已才走上這行。

助產婦即產婆。圖為臺北醫院產婆與教師，臺籍產婆梳髮髻，著漢服，和穿西服、和服的日籍教師形成強烈對比。

這樣的學員背景也反映在養成所的畢業生就業情況上，前三屆畢業的產婆共有四十二位，其中只有十八位成為開業產婆，還不到畢業生人數一半，六位在公私立醫院奉職，兩位繼續就讀其他學校，換言之，畢業後完全不就業，賦閒在家的「有照產婆」高達十六位！

儘管如此，政府還是繼續擴大產婆培育事業。一九二二年，臺北醫院之外，臺中、臺南醫院也增設了產婆養成所。除了官方的培育機關外，民間也有幾所私人培養產婆的學校，像是臺北的「蓬萊產婆講習所」、臺中由臺灣第一位女醫生蔡阿信主持的「清信醫院」，嘉義的「厚生產婆講習所」，都是致力於培養產婆的知名產婆學校。大正時期，日本也有「濱田產婆學校」等多所私立產婆學校在訓練產婆。後來，社會上對產婆的認識增加，報考產婆養成所的人就多了起來，入學考試競爭激烈，不少產婆都很自豪自己當年能夠打敗「群芳」，光榮上榜！

一九二三年，當局擴大了產婆認定的範圍，民間產婆養成學校所培育的產婆與過去既有的無執照產婆，在具有一定程度的醫學知識後，可以參加政府舉辦的產婆資格考試，通過之後，一樣授予產婆執照。因為產婆人才的缺乏，各地的傳統產婆在經過考試認可後，可以在限定的登記地區、一定的時限內開業，這些傳統接生業出身的產婆，被稱為「限地產婆」，她們的技術不僅得獲得官方考試認可，也有義務參加由地方警察或公醫主持的「限地產婆講習會」，替她們講習衛生知識，是當時的時代特色。

換句話說，在新式西方醫學教育的引進及醫療認證制度的建立之外，透過這些為了臺灣社會量身打造的法規，社會上舊有的產婆，或是具有相關經驗、足堪以助產為業的女子，就像是舊車裝上新車牌即可上路，在近代醫療人才體系中走出了自己的「生路」。官方養成所與民間的私立產婆養成所共同培育現代產婆，擁有產婆執照的人數也就越來越多了。

一九三〇年，包含五百三十七名限地產婆，全臺產婆共有一千兩百九十位，每位產婆平均服務一千七百三十六名產婦。一九三五年，產婆人數增加為一千六百三十一人，每萬人中有三．一四位產婆，這個數據遠不及日本本國比例的一半，但卻優於同年度的

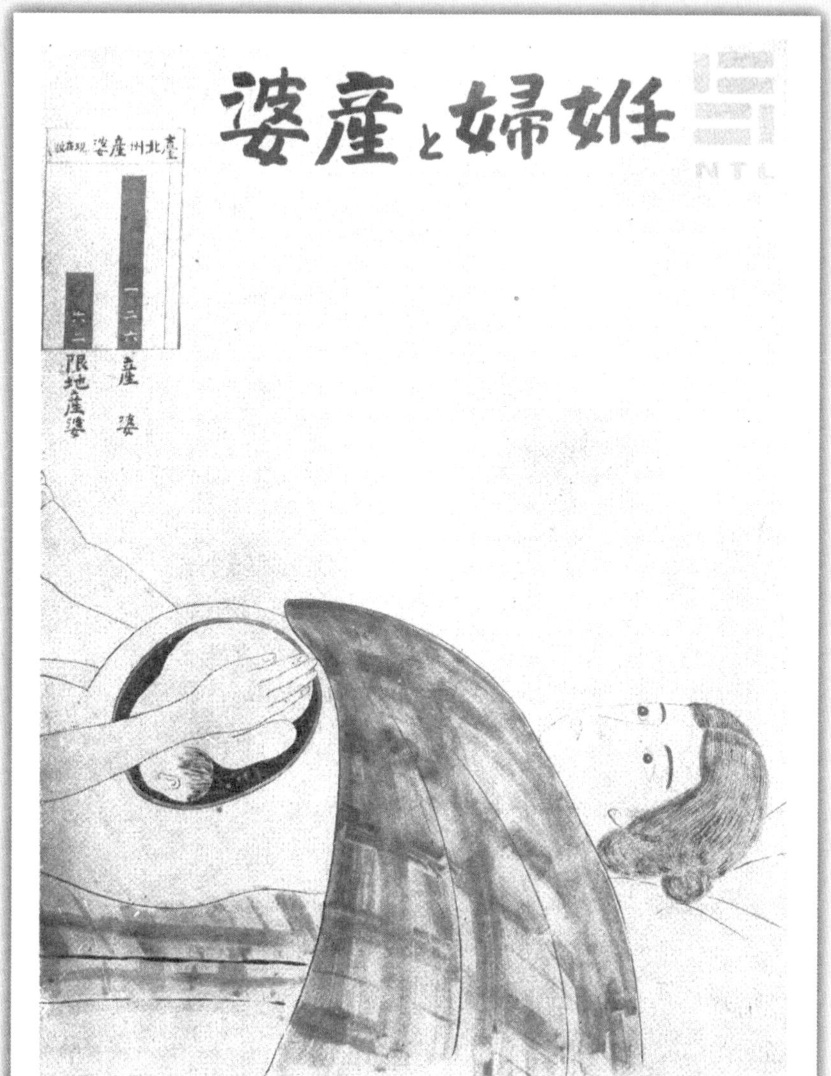

產婦與產婆。產婆的一雙手，助產婦「一臂之力」，迎接新生命。

朝鮮。一九四〇年度，全臺開業產婆共有二千零四十五人，其中三百零八人為「限地產婆」。就人口數方面，平均每萬人中有三．四位產婆，同時期日本是每萬人有八．六位產婆。從人口比例來看，雖然連續幾年看下來，產婆人數有緩慢增加的趨勢，但整體來說仍然偏少。

產婆拿到執照後，只要向政府的相關管理單位登記開業，就可以開始掛牌營業。產婆的就業大致上沒有太大的問題，但產婆多半在較熱鬧的城鎮開業，即使官方積極鼓勵產婆「下鄉生產」，還是有不少鄉下地區沒有開業產婆。一九二二年，臺南新巷設立了第一所「公設產婆」，負責當地的接生事務，接下來臺灣各地陸續成立公設產婆制度，直到一九四〇年，設置有公設產婆的地區或村落已經高達三百一十九處了。

產婆是日治時期少數不用和男性競爭的工作，全數娘子軍。產婆的年紀也沒有特別集中的現象，日治以前的產婆是有生產或接生經驗的婦女，因此「昔時日東產婆，年齒不超過四十歲，則不得信，是以無妙齡產婆」，年紀太輕的產婆有多少經驗令人存疑，難以取信產家，「年齒大抵三十歲以上，妙齡者殆稀」。日治以後，法令規定年滿十六歲就可以報考講習所，因此學員們至少是十六歲以上，不過學生也說，十六歲在班上算是年輕的。另外，限地產婆是因累積的技術和知識經過考試認可才取得執照，能夠累積相當的經驗，通常年紀也都不小了。

一臂之力：產婆的工作

先來看看幾題產婆考試考古題，你能答對幾題——

・前置胎盤的徵兆有哪些？
・習慣性流產的原因有哪些？
・雙胞胎分娩如何處置？
・請說明胎盤早期剝離的原因、症狀與處置？
・初生兒的人工呼吸法？

不容易吧？但產婆的工作更不容易！

日治時代臺灣總督府國語學校老師劉克明為了方便臺、日人溝通，把日常生活中幾個常見的場景寫成臺、日語對譯的文章，來看看產婆要做哪些事。

一位產婆詢問孕婦懷孕前最後一次生理期的日期以推算預產期，再檢查胎兒的胎位正不正，鼓勵並安撫孕婦不用擔心；交代產家「硼酸的雪文買一塊，脫脂棉買兩包，油紙買二三張，漂白布剪成丈」，「雪文」就是肥皂，買肥皂是為了清潔，脫脂棉是止血用，油紙則是生產時墊在產褥上的基本配備，但是產家不解為何要準備漂白布，產婆仔細解釋是為了替新生兒洗澡用的，記得漂白布要去布店買，其他的東西，到「資生堂藥行」就買得到。臨走前交代：「我彼電話六十四番。若有怎樣即講來。」

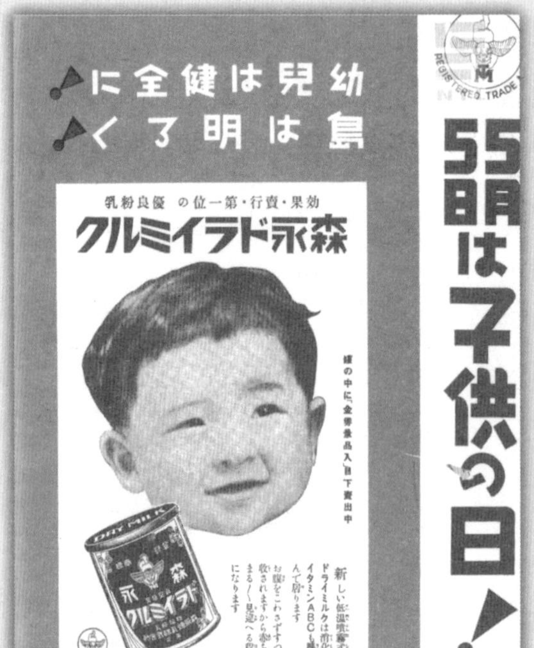

森永奶粉廣告。森永奶粉廣告打得兇，在日治時期已是臺灣家喻戶曉的品牌。產婆在接生後探訪產家時，有時也會帶奶粉或煉乳送給產家，備感溫馨。

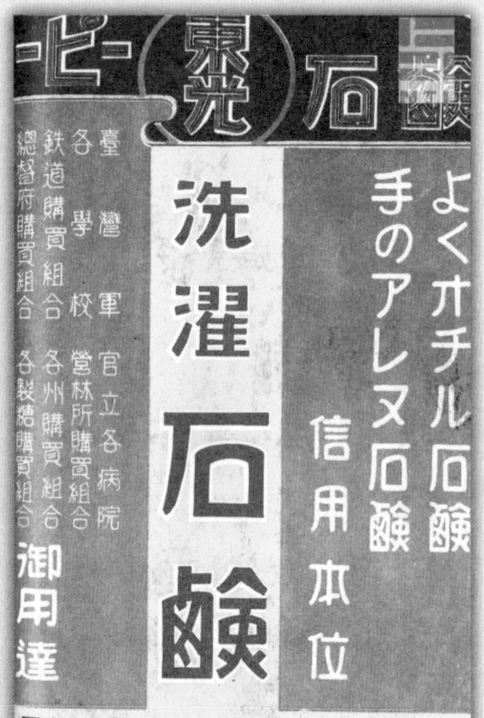

肥皂廣告。「石鹼」即肥皂，又名「雪文」，日治時期清潔觀念日漸普及，像這樣的肥皂廣告到處可見。

產婦出現即產的徵兆了，產婆要產家先去燒一盆水為即將出世的胎兒洗澡，水中要溶入硼酸，可以為嬰兒擦口拭目；嬰兒出生後，先和產家說明孩子的性別與健康情形，並替新生兒完成基礎清潔，再為產婦清理胎盤，完成產後護理，並教產家如何替孩子洗澡之後，接生工作才算完成，而這一切，每一個環節都是關係著生產過程能否順利進行的重點，考驗著產婆的醫學知識、技術與經驗。

每次的生產前後總是產家急，產婦慌，產婆忙。產婆除了一肩扛起接生重責，生產前胎兒就胎死腹中時，產婆要開死胎檢案書，順產後要開立出生證明，若是死產，產婆也得開立死產證明書。產婆的工作不僅是貢獻「一臂之力」，同時也得「養生送死」。

不用說，日治以前產婦也是沒有產前檢查觀念的，即使到了日治時期，很多產婆都說，產婦依然比較沒有接受產前檢查的知識，如果有，也只是產前來給產婆摸摸肚子看看胎位正不正，或是推測預產期而已，很多產婦都是生產時才和產婆「初次見面」，畢竟這種事，「卡歹勢啦！」

「生」的代價：產婆的待遇

臺北廳後來規定，產婆替孕婦初診可收取八十錢的初診費，之後每次三十錢，分娩時二圓，產後護理每次五十錢。規定雖是如此，但因為沒有產前檢查的觀念，實際上真正這樣做的產婦與產婆可能很有限，而且產婆接生並沒有固定的費用，一般來說是一圓或一圓數錢，如果產家能給兩圓就算很好了，收入並不高。一九二五年某位報社記者訪問產婆，原以為產婆是個無本好生意的記者，意外得知產婆其實收入不高，有時無酬替人接生，有時僅收一圓兩圓，連接生的材料費都不夠支付。很多人當產婆是出於救人的本心，自己的生活也不富裕。

至於公設產婆，由地方街庄支付二十圓至二十五圓不等的月薪，也有薪水三十圓以上的公設產婆。外出接生，有的地區接生不另收費，有的地區則是依照地區不同，每次外出接生費用大約是一到三圓不等。以汐止街公設產婆為例，如果到汐止街內接生，每次兩圓，如果是到汐止街以外的地區服務，則一次五圓。但同樣是公設產婆，新莊是區域內每次一圓，區域外三圓，也有免費接生的，像是士林、蘆洲、鶯歌等地都是免費。大臺北地區以外的其他地區，公設產婆接生費用更為便宜，幾乎都是一圓上下，臺中草屯的公設產婆只要五十錢，虎尾的海口地區則是看產家的經濟條件收費，中等以下的家庭免費，除此之外，甚至多數的地區都是免費。免費的就不用說了，即使需要收費，費用也不算昂貴。

產婆因為業務上須接觸產婦傷口或新生兒的關係，本身患有傳染病者不可擔任產婆。而且日治時期墮胎是犯法的，產婆不可以幫人墮胎，一旦替人墮胎，產婆執照會被

吊銷，是相當嚴重的處罰。

另外，生產時產婦和產婆之間的語言問題也很重要。不只是母親本身，生產某種程度對嬰兒來說也是危急存亡的時刻，產婆一方面要照顧媽媽，一方面要注意胎兒狀況，如果有需要產家協助的地方，也要立刻溝通，因此語言能否順利溝通，在分秒必爭的時刻都是關鍵。正因如此，不難發現日本婦女生產時習慣找日籍產婆，而臺籍產婆則受到臺灣人的信賴。

早在一九〇三年，報上就有報導呼籲日籍產婆如果要替臺籍產婦接生，就要盡早去學臺語，語言能溝通，才能取信於臺灣人。但是從數據來看，臺灣人始終比較相信臺籍產婆，一九三五年基隆市的產婆共有三十四人，其中二十七位為日本人，七位為臺灣人，二十七位日籍產婆該年度接生了六百個日本小孩和三十三個臺灣嬰兒，七位臺籍產婆則接生了兩個日本嬰兒和四百九十二位臺灣嬰兒。果然是語言不通，萬事不行。

天「生」低調：不喜歡請產婆的臺灣人

一九四〇年度的統計資料顯示，每位產婆平均接生六十位嬰兒。以一整年的平均數來看，等於是每位產婆每個星期接生一位嬰兒。當然，一九四〇年臺灣出生的嬰兒絕對不只這麼少，實際出生人數是二十五萬七千四百七十一人，換句話說，絕大多數的嬰兒不是在產婆的手中接生的，除了少部分產婦在醫院分娩，絕大多數產婦還是習慣在家生產。

讓人意外的是，史料、研究或口述歷史都顯示，即使有照產婆已經增加到一定程度，各地也有產婆「駐點」服務，但多數臺灣婦女生產還是不喜歡請產婆到府服務，原因在於過去的傳統中，生產本就是一件不喜對外張揚的事，沒有產前檢查的觀念某種程度也跟這種心態有關，胎兒是否健康，胎位是否正常，一切等待生產那天「開獎」。隨著孕婦肚子的隆起，懷孕是藏不住的，但生產卻要盡可能地低調，特別是在鄉下或農家，一方面是因為請產婆要花錢，還得打電話或差人到產婆家或熱鬧的市街去請來，不如在孕婦已有羊水破等即將臨盆的徵兆時，就近請來村中具有生產或接生經驗的婦人幫忙，有時甚至只是家中生產過的婦女，就得挑起接生大任。

所謂的接生器材或設備，多半只是碎布、草蓆等隨手可得的物件，一切不假外求。如果能夠順產，一切通常就在這些「過來人」憑著過去的經驗處理中完成。生產後，產家會致贈小額金錢或食物感謝前來幫忙的婦人，嬰兒滿月時，滿月禮也會送給當初接生的婦人再次表示感謝，謝禮依照產家經濟程度、嬰兒性別不同而各異。

然而，即使是順產，因為生產過程或傷口處理皆很草率，大大增加了產後併發其他疾病的風險，比如說老阿婆幫忙接生後，會拿一段普通的草繩將新生兒的臍帶綁住，再

用未經消毒的剪刀剪斷，所以過去破傷風的情況很多。產婦生產完會因體力耗盡或失血過多而發抖，過去產家會用拔過雞毛的熱水來替產婦洗下身，細菌之多，只會讓產婦的傷口更惡化。

對抗迷信的那一方：當產婆遇上迷信

順產尚且如此，要是生產時遇上胎兒胎位不正，或是不幸難產，或是產婦在產後大量出血，助產的婦人自然沒有辦法應付，這時產家才會趕快去請產婆來出一臂之力。

面對難產，產家首先往往會嘗試以迷信的方式「助產」。比如說，他們相信難產是因為孩子被嚇到，不肯離開母體，所以產家會趕緊到產褥床頭敲打床板或壁面，希望能把孩子「打出來」，或是請來道士在家中或產房中焚香誦經，請神明救難。又比如說，產婦子宮頸還未全開，胎兒手就先出來的情況稱為「側產」，俗稱為「坦橫生」或「討鹽生」，人們相信胎兒之所以先伸出手，是因為上輩子的債主投胎轉世而來，這輩子是來討債的，因此產家會趕緊將錢幣或鈔票塞在胎兒手中，希望胎兒拿了錢後可以縮回母體；產後如果胎盤未掉落，產家迷信將菜瓜布燒成灰後，摻酒讓產婦喝下去，就會順利排出，或是拿舂米用的槌子，到產婦房間後面重重地打，邊打邊喊「來喔！落下來喔！」

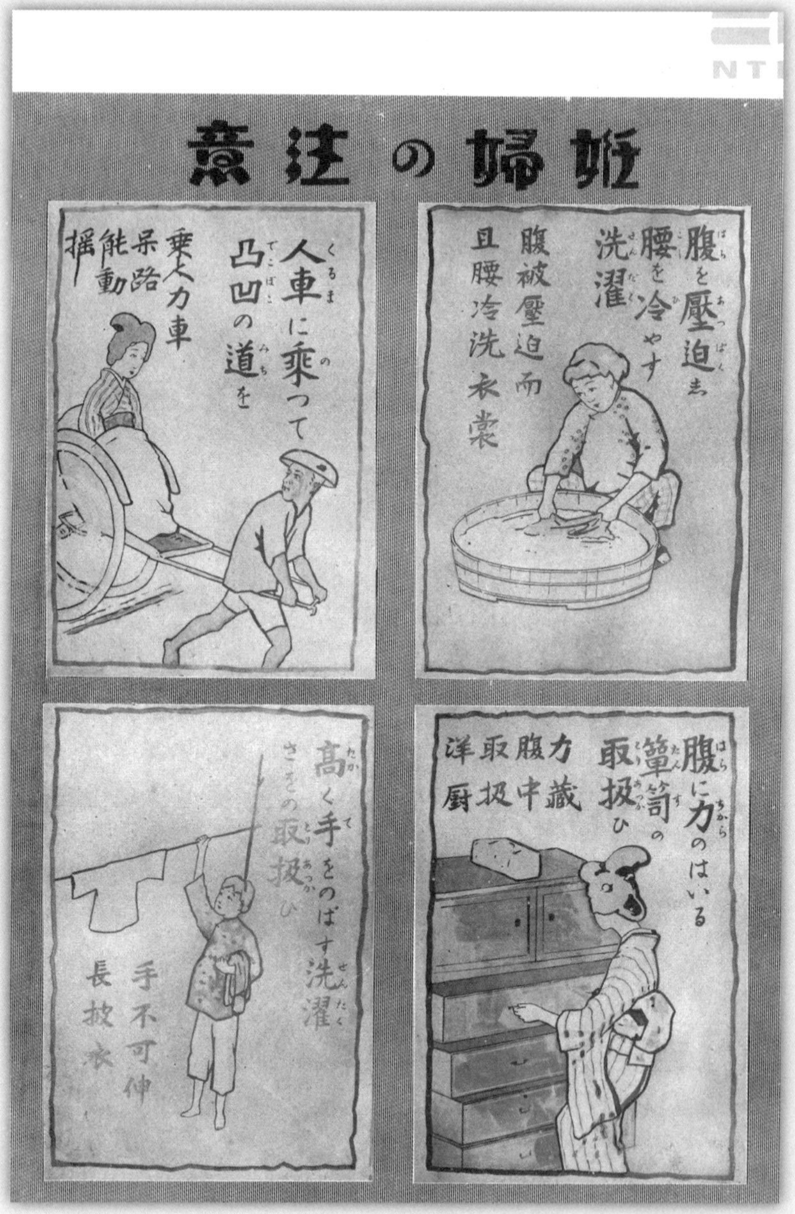

孕婦的注意事項。比起過去一切訴諸宗教與迷信，日治時期孕婦獲得更多知識，像是「手不可伸長披衣」等觀念，逐漸為人所接受。

落下來喔！」，往往要等到上述方法都無解時，才會請產婆。

正因為都是在如此「生死存亡」的難產關頭才會請產婆來，因此很多產婆到產家來「露一手」時，得面對極為棘手的狀況。產婆收到通知急急趕到產家後，有時看到手中握著錢幣或鈔票的胎兒已經缺氧，或是產婦已經無力或失血過多而昏厥，她們會趕快拿出止血鉗、棉花等急救器材救人，真的無法處理的，也會通知產家趕緊送往大醫院救治。直到戰後，這些生產的迷信在鄉下地方都還看得到，而產婆「出生入死」的畫面，也依然跨越年代地一次次上演。

產婆的工作也包含了「售後服務」。一般來說，新生兒的臍帶在出生後一周到十天之間會乾萎脫落，在那之前，產婆都會前往產家探望產婦與新生兒，舉凡小孩出生後的照護，以及這幾天中遭遇什麼問題，產婆就是「生命線」專線，教導產家如何處理及基礎婦幼保健常識。比如說，如果沒有產婆提供正確知識，孩子作息顛倒、半夜不睡覺「罵罵號」，父母會拿大人的褲子顛倒吊，希望能將小孩的作息「倒」回來；囝仔「歹藥飼」，家長要抓來蟑螂，拔掉牠的頭腳，留下蟑螂肚塞給小孩吃，不然就是把蟑螂糞便磨碎，灌給小孩喝。嬰兒黃疸，要用黃紙貼身，所謂「以毒攻毒」，黃紙貼身是「以黃攻黃」。

這些做法不但沒效又噁心，要改掉這種不衛生的迷信，就得靠產婆的努力。有些產婆很熱心，接生後也不時到產家關心小孩的成長狀況，遇到這種情形，總得耐心教導產

育兒心得。接生時，如果遇到危急的情況，產婆會立刻將產婦送往醫院救治。圖為小兒科醫院的廣告，上頭列有「育兒心得」，教導新生兒父母如何照顧孩子。

家如何調整照顧的方法，以科學的觀念逐漸改變民眾的迷信。產婆，無論在產房或臥房，只要在生死交關的主戰場，永遠是站在對抗迷信的那一方。

現代媽祖婆：產婆的形象及延續

產婆總是一腳跨生，一腳跨死，有趣的是，看著產婆養成所的學生與老師合影，這些未來產婆雖然穿著漢衫，內心裝載的卻是進步的醫學知識，外表傳統，頭腦進步。

說到產婆的老師，不得不提產婆老師多為男性的有趣現象。產婆都是女人，但第一個在公立醫院教育產婆的人，卻是臺灣總督府臺北醫院教授兼產婦人科部長川添正道，其他推動臺灣產婆或婦產科教育的人，還有臺灣總督府醫學校教授、助產婦講習所講師的日本人迎諧，以及臺北帝國大學醫學部教授真柄正直；至於臺灣人主持的私人產婆養成所，除了蔡阿信之外，主持臺北蓬萊產婆講習所的張文伴、嘉義三一講習所的張乃賡、嘉義諸峰助產士講習所的張錦燦，以及仁和產婆講習所的楊金虎，全部都是男性，其中張乃賡還被譽為助產士之父。

當產婆是很辛苦的，產婦要生時可不會選時間，半夜也會來請產婆，冬夜裡被窩中睡得正香甜，產家一來叫，想到要救人，還是得硬爬起來出門。有些家庭重男輕女，一看到是女嬰就大失所望，有的人甚至破口大罵，產婆還得安撫產家。

產婆收入不高，工作時間不穩定，接生的風險也高，有些開業產婆如果遇到家境貧困的產家，免費接生之餘，還會在孩子出世後，帶幾罐煉乳、奶粉或其他嬰兒用品去探望產家，順便替嬰兒檢查健康狀況，這種不論貧富親疏、晝夜遠近，皆不辭路遠前往接生的產婆，各地都有。可以說，從事這個工作簡直就是良心事業，因此日治時期產婆留在人們心中的形象，宛如救苦救難的「媽祖婆」。

接生是一門專業，從考上執照開始，就可以不受婚姻狀態、地區的限制，以此為業，因此很多日治時期的產婆戰後也都繼續替人接生。戰後的臺灣有一段時間衛生條件不佳，人口又大量膨脹，默默四處替人接生的產婆，不只穩住了產婦與新生兒的生命，也穩住了臺灣的出生率及嬰兒死亡率。

無論在什麼年代，救人的工作都是最急的，臺灣人對於救人的職業特別推崇，因此產婆雖然收入不高，社會地位卻很高。其實不只產婆，同樣職在救人的醫生也很受尊重，許多醫生和產婆在戰後都曾參選地方民意代表並高票當選，其中最有名的大概就是人稱「嘉義媽祖婆」的許世賢。雖然許世賢並不是產婆，但產婆的「媽祖婆」形象同樣深植人心，「扶持分娩等良醫，生女生男盡解危。舉世艱難端賴汝，活人巾幗勝鬚眉。」就是產婆的最佳寫照。

到了一九八〇年代，街頭巷尾仍然可以找到替人接生的產婆，但隨著產婆的年紀漸長，以及醫院普及、婦產科等醫學教育體系的成熟，不知道從什麼時候開始，產婆漸漸「不事生產」了。當年的產婆們知道，她們如何用一雙手安定了產婦的身心，更清楚她們陪著無數婦女走過了生命中最重要的時刻。那些年，從她們的一雙手中，「誕生」了一個又一個的臺灣之子，這次換我們來「重生」一個又一個的產婆「生命」故事。

出生入死：護士

「今天傷口好一點了嗎？」她一邊問，一邊換下傷口的脫脂棉。「啊，是不太痛了。」想到傷口好了，就不再能見她，心倒有點痛。「每天這樣忙碌工作，妳累嗎？」「已經習慣了……」她輕輕地說，膿水還附在膝上傷口和脫脂棉上。「妳明天上班嗎？」「今天上班，明天就休假。」「這樣啊……」想到明天來換藥也見不到她白色的身影，有點酸酸的惆悵。

日治以前的女護士

一九三九年九月，林獻堂因骨折入院治療，他的日記裡寫道，「折骨之處雖不覺痛，因仰臥不轉側，以致腰甚疼痛，看護婦平角時為按摩。」「看護婦」就是護士，不過廣義的「看護婦」還包含從事醫療照護的人，後來才主要被認知為護士，現在則稱為護理師。多虧了這位名叫平角的護士替林獻堂按摩，才稍解他長期臥床所引發的腰痛。

護士照顧的不只是受傷的身體病痛而已，護士溫柔照護的，還包含了病人脆弱的

心。從林獻堂的日記細細讀來，不難感覺他擁有幾次不錯的「護士體驗」，不過，早林獻堂五十年接受護理服務的臺灣人，可就沒這麼幸運了。

多數的職業，要建立近代化的培育或管理制度，往往是在一定的從業人口後，才衍生出管理的必要，護士也一樣。在明治初年的日本，並不存在作為專業職業的「護士」，患者如果需要醫療照顧，不得已時只好在就醫時自行召來「吉原の遣手婆」幫忙。「吉原」是明治時期東京的遊廓，也就是花柳地，而「遣手婆」則是在遊廓中引導男客、安排陪客女子、招呼餐食，年紀稍長的女子。這種照顧病人的女性與其說是護士，倒不如說帶有一點奴僕的味道，又因為照護工作多少必須接觸男性的身體，社會上對她們的評價不高，經常質疑她們的「婦德」，讓她們蒙上不潔與墮落的形象。明治時期的日本小說中，如果出現照顧病患的女性角色，很多都帶著蔑視的眼光。

除了日本，朝鮮也一樣。同樣深受儒教影響的朝鮮，社會上普遍存在男女授受不親的氛圍，到了十九世紀末期，即使美國傳教士來幫忙醫療志業，在找不到護士的窘境下，不得已只好找「妓生」來客串護士角色。如果將她們與日後的護士形象相對照，簡直是天差地遠。

日治以前的臺灣，同樣沒有所謂的「護士」。當然，生病時需要人照顧是難免的，但多半由家人親友擔任照護工作。專業的護理人員，則要等到清治後期西方傳教人員登場。

「醫療」與「傳教」是基督教長老教會在臺工作的重點。根據統計，一八九五年以前，臺灣共有二十名男性宣教師具有專業醫師資格，傳教士往往肩負起醫療的工作，他們透過傳教行醫，而站在他們身邊協助處理傷病的，則是教會裡的女性宣教師。

白衣天使的搖籃：護理制度與人才養成

本於西方傳教士業與提高醫護品質的動機，日本於一八八〇年代導入南丁格爾式近代護理教育，朝鮮則從一九〇三年開始。

臺灣雖然晚於日本，卻領先朝鮮一步。一八九七年，臺北醫院訂立了內規〈看護婦養成〉，招募具有醫護經驗的女子為見習看護婦，分成甲、乙兩科，甲科生可以直接就讀專業醫護課程，乙科則得先修習算術、讀書、習字等基礎學門，作為日後進入甲科的準備，同時也向日本本國招募實習生，因應初期醫護人手不足的問題，直到一九〇二年才停止向本國募集，改以臺灣民眾為主。這是臺灣培養專業護士的開始。不過在當時，能成為護士的都是在臺日籍女性，換句話說，很無奈地，臺灣領先朝鮮的這一步，並不是由我們臺灣人自己跨出去的。

值得一提的是，當年的護士畢業證書除了載明姓名，基於日本社會正處於由階級的

醫學院教室。醫學院教室除了培育醫生外，護士也得在這裡接受訓練，課程繁重。

封建社會轉移到近代市民社會的過渡階段，畢業證書上還會有畢業生由日本哪裡的府縣出身、是華族、士族還是平民等訊息，遺留濃厚的舊時代味道。

後來，由於在臺日籍護士照顧臺籍病患時語言不通延遲了救護效率，因此看護婦養成所的甲科生課程也包含了學習臺語。護士得學臺語，不只是語言學習的時代現象，也意謂著過去習慣仰賴漢醫或民間療法的臺灣人，這時候也開始踏入近代醫院求診了。

當局有鑑於到醫院就診的臺灣患者增加，開始鼓勵臺灣女性成為護士，但初期效果不彰。一九〇五年的一則報導提到，一位就讀於士林公學校的蘆洲女孩打算在畢業後受訓成為護士，另一位艋舺公學校的纏足女學生吳阿富也計畫解足，畢業後到紅十字醫院學習。不過，直到一九〇六年才有兩位來自艋舺學校的臺灣女孩到紅十字醫院接受護士訓練，她們都是曾經纏足的解足者，在醫院學習如何纏繃帶、量體溫，是臺灣女性參加近代護士養成教育的首次紀錄。二十世紀初期，護士正一點一滴地成為臺灣女孩子就業的選項之一。

臺北醫院。醫院是臺灣護理人員最初的培育單位，日治時期臺灣主要都市均有西式醫院，民眾對西方醫療行為的接受度也慢慢提高。

護理人力起飛的一九二〇年代

在中國沿海地區，一九二〇年代是抵制外貨的「國貨」運動年代；在臺灣，一九二〇年代除了是政治運動的狂飆年代，也是全臺各地公立醫院培育專業護理人力的起飛年代。一九二三年，〈臺灣總督府醫院看護婦助產婦講習所規則〉頒布，在臺灣各地府立醫院設立「助產婦科」和「看護婦科」，修業兩年，規定十四歲以上、二十五歲以下，身體健全且具有高等小學校或公學校高等科、高等女學校二年級以上學歷的女孩子才得以入學。

由於畢業後可能會輪配到各科工作，因此從最早的臺北醫院看護婦養成所開始，護士的學習課程就包含一般看護學、內科看護

法、電氣使用法、眼科看護法、解剖學、生理學、繃帶器械學、救急療法、外科看護法及手術介輔等各科課程，首重急救與病患照護的技能，不僅各科都要念，也得進開刀房實習。

一開始招募臺灣女孩子就學時，情況並不理想，直到護士成為人人認可的專業後，報考人數才日漸增加。學習過程的學姊學妹制，使得學妹服從學姊，學姊也有指導學妹的義務，大家互相幫忙，生活作息都被安排妥當，除了應付課程，也得費心留意動作是否仔細不出錯，因為這是成為護士最重要的條件之一。許多護士回憶起受訓的生活，都認為那是一段課程非常緊湊、壓力大，但也是大家互相協助，培養出濃厚革命情感的歲月，而且大家都對未來即將成為救命護士這件事非常有自覺，不僅樂於接受這樣緊湊的訓練課程，自我要求也很高。

在日本，護士直到內務省一九一五年公布〈看護婦規則〉規定看護婦的資格後，才被正式認定為專門職業。近十年後的一九二四年，總督府也頒布了臺灣版的〈看護婦規則〉，規定取得執照的護士必須滿十八歲以上才能從事醫護工作，除了臺灣總督府醫院看護婦科畢業者擁有護士資格，通過看護婦試驗，或畢業於總督府指定的看護婦學校、講習所的女性，也都是合法護士。不必經過考試的看護婦學校、講習所，除了全臺十一所府立醫院外，還有日本紅十字社臺灣支部醫院救護看護婦養成所，以及馬公海軍共濟組合病院看護婦養成所。

另外，因為戰前日本勢力範圍內的地區資格相通，舉凡擁有日本各都道府縣、朝鮮、樺太等地護士資格者，來到臺灣皆可執業。

統計資料顯示，一九三五年全臺共有二百三十五所公私立醫院，一千六百六十一位產婆；

一九四〇年增加到二百九十三所，產婆也增加至二千零四十五位。根據醫療院所、學校皆配置有護士，小、公學校也配有校護，以及產婆與護士訓練體制的類近，再參考產婆的統計人數，推估護士的從業人口應該不少。

醫院管家婆：護士的工作內容

一九〇一年臺北醫院（今臺大醫院）的內規〈看護婦規程〉規定，護士的工作包含實行看護病患相關事務、患者住退院及死亡事宜、注意住院患者的飲食、維持病房的秩序與風紀、注意探病者與看護，以及見習生的指導等。同時，像是責任區內的清潔、室內溫度與通風的保持等，雖然未與照護工作直接相關，但因與護士的業務息息相關，也被畫入護士需要留意的範圍之中。簡單來說，包羅萬象的醫院工作都是護士的勤務，一位護士在談到自己的職業時，用了「醫院管家婆」來形容這份工作，真是再適當不過。

打從一開始，護士的工作時間就遠遠長於其他就業女性。工場會休工，公車深夜也會停駛，但救急救命的醫院可不能有停診的時候，護士也就不像工場女工或公車車掌有固定的休息時間，而是需要二十四小時輪班。早在一九一〇年代，護士的工作時間就是三班制，早上六點到晚上六點是一班，晚上六點到凌晨十二點又是一班，第三班是

診療室中的醫生與護士。在診療室中，醫生負責看診，護士確實執行醫囑，輔佐醫生的醫療行為，不能過問醫生的診察過程。

凌晨十二點到早上六點，而且這只是表定的排班時間，如果遇到緊急狀況或急診，大家都要動員加班。「情同慈母輒臨床，助檢寒溫好處方。最是留神觀病勢，婆心無暇顧梳妝。」只要是值勤期間，隨時都得上緊發條，時時待命，畢竟過手的一件件都是關天的人命，誰有閒暇顧梳妝呢？

至於護士的工作內容，簡單來說，護士的工作就是輔佐醫生，協助醫生處理傷病，病患來了，護士要趕緊準備傷病所需要的器具，事先消毒，或是準備藥物給醫生，之後幫忙醫生檢傷看病，事後執行醫生的醫囑。和現在的開刀房有專屬護士不同，日治時期的護士隨時要進開刀房幫忙。一九三八年的《看護婦讀本》載明，看護婦須完全服從醫師的囑咐行事，不可以擅作主張。這套講求刻苦耐勞、細心照料患者的南丁格爾式訓練與要求，即使到了今天還是沒有改變，護士依然被訓練為醫囑的執行者，「診察」是醫師的專務，護士不得過問。

此外，護士也有很高的道德要求，在醫院不能道人長短，不能說病人的八卦，工作時也要注意病人的感受。其實這種對德行的要求不只在醫院，早在受訓期間，護士的生活起居就受到嚴格要求，像起居、活動、飲食禮儀，特別是對異性的態度和互動，都有嚴格的規範，學生自己也有強烈的自覺，會在課後自我提升，主動學習茶道、花道等帶有女性素養的技藝。換句話說，護士的訓練，除了醫療技術的培育外，也重視完整人格的養成。

結核防治廣告。護士的工作內容除了照料患者外，也包含衛生觀念的宣導。

不合算的護士待遇

護士的薪水隨著職等、年資不同，薪資也不同。一九一三年，臺北醫院實習護士日薪三十錢，畢業後日薪為四十或五十錢。一九二三年，臺北醫院各個護士長中，最高月薪六十五圓，最低月薪三十一圓，管理職的護士長薪資尚且不高，護士的薪水等級也就不難想像了。

到了一九三〇年，實習護士的日薪一度減為四十五錢，每月另有十三圓五十錢的津貼，二年級時會提高為月薪二十一圓，畢業後的起薪則是二十四圓。相對於當時具有高等女學校學歷的遞信部女事務員日薪八十錢，多半是高等小學校出身的護士就能擁有四、五十錢的日薪，從學歷上來看，護士的待遇似乎不賴。但如果把護士的工作時間、工作量和專業程度拿來和女事務員相比，護士明顯工作時間長、工作量大，又需要相當專業，這樣的待遇完全不合算。

再者，若比較臺北醫院的護士和日本紅十字社臺北醫院的護士，後者尚在實習階段就可以拿到三十三圓的月薪，府立醫院護士即使服務了八年，月薪也不過三十八圓。更別提同樣的八年年資，如果是在電話交換局工作，月薪早已高達五十圓了，護士的待遇真是「不寬待」。

一九三八年各行各業的待遇表中，看護婦的最高月薪高達一百五十圓，遠高於新聞記者、商店店員、製茶女工、車掌，但低於女給、女性教員和女醫師。然而，護士最低月薪僅有十圓，和縫紉工場女工、保險員、百貨公司職員相差無幾，而且恐怕沒有多少人能夠真正拿到一百五十圓的高薪。

公立醫院護士待遇不高，私立醫院可能也相去不遠。一九三〇年底，馬偕醫院二十五位護士集體罷工要求改善待遇，原來該院護士月薪僅十六圓，再扣除伙食費六圓，所剩無幾，院中的臺籍醫師也同情響應。一九三六年，一位服務於臺北醫院的護士說，在這樣的工作環境下，薪水低卻不抱怨的護士，能有幾人？

白衣天使：護士的形象

如果問一百位路人一講到「護士」，想到的是什麼？大概有九成的人立刻聯想到白帽白衣白褲的「白衣天使」。然而，軍人穿軍服，上班族穿西裝，勞動者穿工作服，都不是一開始就如此的，而是經過了一連串演變的歷程。

在日本，雖然西化風潮始於明治維新，但最初只流行於上流社會，平民社會的西化則要一步一步慢慢來。一九〇五年日俄戰爭之後，日本國內穿西服的人口逐漸增加，直到一九一、二〇年代大正年間，為了營造權威感、專業形象，以及符合某些產業的西化性格，才興起某些特定職業須穿著制服的作法。

在十九世紀末期，日本的護士仍然穿著白色制服、深橘色製帽，配上日式寬褲裙「袴」及草鞋。一九二〇年代，改良為合身的一片裙式白色服裝。一九四〇年代，再度改為西式的折領短裙。穿褲裝的護士則是戰後基於活動性的改良。

臺灣的護士除了一身白衣白帽的純白形象，配合臺灣的炎熱天氣並考量護士工作時的方便性，服裝越來越朝向自由輕快好活動的機能發展。不只報刊雜誌的護士如此，小說中露臉的護士也是一身白衣的年輕樣貌。比如小說〈新孟母〉裡女主角秀慧芳心暗許從小青梅竹馬卻多年未見的醫師馬清德，某日她「恰好路過」清德的診所，看到的

診所內外乾乾淨淨，患者出出入入，一名白衣護士正好從診察室走到藥局，「大概是十五、六歲的小姑娘，生得肥白窈窕」，秀慧忍不住起了妒心，猜疑這位護士會不會和她的清德日久生情，以後自己當上醫師娘，一定要解雇這名小護士。

然而，歷史對護士的評價其實經過一百八十度的大翻轉。

以日本來說，從業餘的「遣手婆」到專業的「看護婦」，日本的護士形象直到甲午戰爭才翻轉過來，脫離負面。朝鮮的護士同樣在一九一〇年爭取脫離日本統治的三一獨立運動時，才受到了民眾普遍的肯定。因為戰場上護士戮力奉公、貢獻己力，受到社會的讚揚，讓民眾重新認知到她們的正面形象。一位學者說，無論東、西洋，社會認識到護士的價值與必要性，都是在戰爭的時候。加上南丁格爾塑造的「白衣天使」形象，大家開始認為護士也是「容貌佳、柔順、忍耐力強、專注，務求病患早日康復」，且「非女性不可」的職業。某些職場性別分工的情形非常明顯，醫院就是其中之一，醫師極大多數都是男性擔任，護士則是「男性莫入」。

在臺灣，護士的義舉受到社會輿論讚揚時，往往都是災難的時候，特別是地震。其實這並不難理解，災難造成大量的傷患，犧牲休息、不眠不休救人的護士因此成為災難中的美談義舉，以一九〇六年三月十七日嘉義的梅山地震為例，當時報上除了震災消息外，也刊登了醫師護士是如何在物資缺乏、餘震不斷的窘境下捨命救人的報導。

這幾年「過勞死」成為職場關鍵字，如果列出「過勞排行榜」，相信護士一定是

「金榜題名」，臺灣醫界長期以來累積的問題造成護理師的人力荒，讓醫院中照顧、搶救病患的護士，成為支撐臺灣醫療現場的英雄，這點倒是古今一致。

著深色制服的原住民篤志看護婦。護士值勤時專著制服，護士的制服不僅符合護士工作上的需要，也營造她們的專業形象。

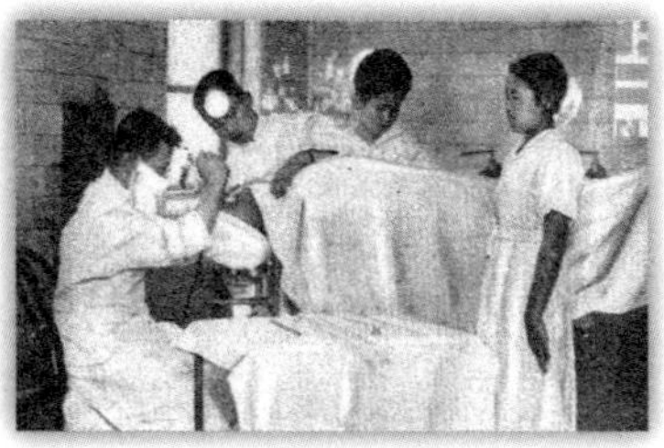

由醫生負責教育護士的的護理人才養成過程，加上東方社會中男尊女卑的性別觀念，都造就了「尊醫抑護」的醫護關係。

尊醫抑護：護士的地位

雖然社會對護士的看法已經由輕蔑的負面態度，轉變為犧牲奉獻的正面肯定，但在醫界或醫院內部，護士卻不被允許置喙於病患的診治，地位始終次於醫師。

日本本國的護理訓練，一開始就將護士訓練定位成完全遵守醫師囑咐，臺灣受到日本的影響，醫護也是這樣的尊卑關係，在附屬於醫院的看護婦養成所中，課程多由醫師講授，實習時重視的也是早一步替醫師打理治療病患時所需的物件，以及貼心仔細的醫療技能。這種交由醫院培育的訓練體制，特別重視護士對醫師的尊敬、對醫囑的絕對遵守，無形中塑造了「尊醫抑護」的醫療結構。再加上日治時期能接受醫學教育成為醫師的人，絕大多數都是男性，而且「看護婦」這個名稱也代表了由女性出任。東亞社會中長期男尊女卑的性別價值同樣體現在醫院中，更強化了一般人對護士必須服從醫師，專職救護、不插手醫療的角色期待。

〈臺灣總督府臺北醫院看護婦規則〉明定，院內護士分成「看護婦長」、「看護婦副長」、「看護婦」及「見習看護婦」四級，所有的護士執勤時須束髮，並保持身體與服裝清潔；不僅必須服從院長以下所有職員的指示，辦理指示時還得「言語動作常保柔順溫和，不得有背戾女德之事」；遇到院長以下職員也得敬禮；對病患，護士的職務在於使病患依囑服藥與換藥，務求懇切的態度，以博愛廉潔之心，不分貴賤照顧病患。除了對醫療服務的要求，對護士的執業態度也非常講究、嚴格。當時的護士，似乎沒有人覺得這樣的要求有什麼不妥。

一份一九二九年至一九四〇年被奉為圭臬的「看護婦十戒」，規範護士必須遵守以下準則：嚴守醫師命令、戒多辯饒舌、經常培養婦德、鍛鍊自我修養。一位一九三七年的醫生很直接地說，除了看護學與看護技術，「婦德」也是護士的必要條件之一，「畢竟將來在成為人妻後，她們對於自己的丈夫子女，也負有重要的感化責任」，相對今天我們認為「護士」就是一門專業職業，強調技術的專精，近一世紀以前的人們，與其說是要求女性擔任「護士」的技能，倒不如說是要求身為護士的「女性」必須成為更具婦德的嫻淑女子。

護士產婆比一比

除了醫師地位高於護士，你發現了嗎？在護士的養成歷程中，從頭到尾幾乎都和產

婆綁在一起，但即使是產婆與護士相比較，兩者地位仍然不是平起平坐。

日治時期報考助產婦科的資格略高於看護婦科，因此當時不少產婆都出身於中等以上的家庭，報考產婆養成所未必完全是要以此為業營生，再加上產婆為產婦接生時，從產前檢查到產後護理，都是一人獨當一面處理所有狀況，某種程度包辦了醫師與護士的角色，技高一等；但護士卻從護理訓練開始，即被賦予輔佐醫師與執行醫囑的任務，或多或少也造成了護士的地位略低於產婆的狀況。曾有人說，家裡只要出一個產婆，就不用擔心家中的經濟。產婆的待遇是不是如這個傳言一樣豐厚是另外一回事，卻從來沒聽過護士能讓一家寬裕的說法。

某位學者很精準地比喻了醫師、護士和病人之間的關係。他說，如果我們將醫院或診所當成是治療並教育病人的場所，那麼醫師就像父親，而且是位擁有絕對權威的父親，病人則是因為對醫學或衛生無知而生病的孩子，那麼母親的角色就是那位溫柔慈祥的護士。學者將這種醫院中的醫病關係比喻成「類父權結構的醫護關係」，護士不只要外表「純白」，還要內心「無瑕」，她得是一個體貼的妻子與細心的媽媽，同時也必須是「有耳沒嘴」的傳統女性，她們的辛苦，不僅「不足為外人道」，也不「能」為外人道也。

幼童身體檢查會。護士替幼童量體重的情形，還有女學生在一旁協助。

護士初體驗：生活中的護士

林獻堂是臺灣政治運動最有力的大家長，他對西式醫療技術與觀念的高接受度，臺灣史上有名。他在日記中寫過護士替他注射強心劑、抽胃液、灌腸、抹咽喉，也曾在他不舒服時照顧他的作息，有次蔡培火來訪，護士還基於病人需要靜養之由，拒絕會客。臺灣總督田健治郎裝假牙時，除了牙醫，也有護士來幫忙。

林獻堂、田健治郎這些富裕人家或政府高官，有機會接受護士的照護不難想像，不過一般民眾其實也不乏「護士初體驗」。因為除了公立醫院之外，私人醫院或診所同樣有護士。

現在各級學校配有校護，其實早在日治時期，臺灣的小、公學校就配有護士。當時官方為了確實掌握臺灣現況而做了各種調查，土地、林野、人口、宗教、職業、種族，甚至包含學童的健康狀況，都在調查之列。校護負責的工作除了學童傷病的緊急處置，還包含了疾病防治教育、預防接種、身體檢查等保健事務。換句話說，護士幾乎是伴隨著西式醫療經驗，進入臺灣民眾的生活中。

愛的初體驗：護士的生活

「桃腮花臉白衣姿，郎自呻吟妾扶持。一瞥嬌容占勿藥，銷魂最是檢溫時。」近水樓臺，如果愛情裡距離和吸引力真的有關係，護士最容易和誰發生感情？

意外的是，護士不是和醫師日久生情，反而情牽病患，或是成為病患寄託情感的「白衣情人」，這或許是基於職務，護士必須聽從醫生指示，上尊下卑的關係較難發生感情，但是護士溫柔照料無助的病人，職務上也要求須設身處地替患者著想，親切體貼之下，反而容易產生情愫。

一九二六年，容貌艷麗的臺中醫院十八歲護士陳麵和住院病患發生感情，兩情頗篤，男方出院後，護士隨即與之私奔。也有男性病患不願傷口癒合，只為能多與護士相處幾日，就像本文一開始的男患者顯然愛上了女護士，一想到不能再見到她，傷口好了，卻換來心傷。

另外，同樣因為工作的關係，護士取得藥物容易，要是遇上感情問題或金錢糾紛，飲藥自殺者有之，也有人曾以手術刀自殺未遂。畢竟護士也是人，也有感情，儘管總是被要求高超的護理技術與超高道德，但同樣因為護士有情有愛，才多了些「人」味。

最後，如果要說護士的職業風險，那麼不只是和病患同處一室被傳染而已，一九三〇年，臺北養浩醫院一名病患突然發病，揮鐵鎚攻擊十八歲的診所護士廖烏毛，導致她頭蓋骨碎裂，有生命危險，病患還轉身攻擊藥局生，最後由醫師制服，才結束了這場暴亂。

＊＊＊

今天，「護士」已經正名為「護理師」，因為護理工作要求的是細心沉穩的人格特質，而非性別，只要「耐操有擋頭」，男女都平等。經過百年的演變，過去強調女性溫柔特質的職業屬性，現在又開始主張男性也很適合，確實也有越來越多男性在醫療前線衝鋒陷陣。

本文通篇使用「護士」稱呼「她們」，是為了忠於日治時期護理工作皆由女性擔任的時代特色，而對性別的堅持與否，以及連帶地對堅忍少言「婦德」的講究，也是那個年代與近百年後的現在，護理工作者最大的差別。然而，性別之牆雖然倒了，百年前二十四小時不休息的護理站，此時此刻，燈仍然亮著。

人客來坐：

藝姐與女給

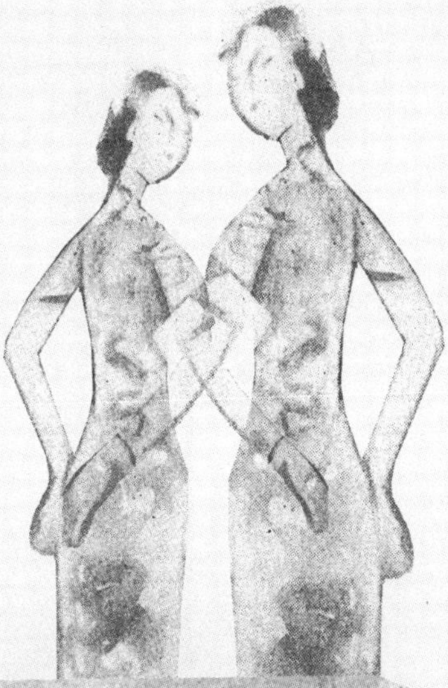

近年來臺灣咖啡館，真如雨後春筍，風起雲湧，越鬧越多，一些沉醉於虛榮和耐得生活壓迫的婦女們，如大進軍似的，投入「女給」的生涯，蓬蓬勃勃，盛極一時，依原則上，她們只是賣工不賣身的，為遊客盛酒送菜，作那走棹式的工作，其實這些工作，不是她們的重大使命，就是遊客們的需求亦不在這些無聊的走動，她們最大的使命，就是富有「肉感」的周旋，唱唱流行歌，拍打遊客們的心門，作人們一時的高速度戀愛成功的對象。……她們是失戀後男子的看護婦，愛神臨時的特派員，她們黑暗社會的鬼火，沙漠裡的甘露，生活戰線上的可憐蟲，她們是戀愛貿易的能手。

——徐坤泉《靈肉之道》

在漢人的社會與文化裡，女人的地位大半時間都不如男人，只有少數的時代與特定的職業，女人比男人更受重視。比如說，藝妲與女給。

一九三〇，動盪時代裡的流金風月

一九三〇年代，日本發生五一五事件，首相犬養毅被海軍軍官刺殺身亡，東京下了五十三年來最大的一場雪；滿洲國成立，溥儀再度成了皇帝；朝鮮發生數次試圖暗殺日本軍官的衝突事件，孫基禎拿下奧運男子馬拉松金牌，成為第一位拿到奧運金牌的朝鮮人；臺灣人則放棄了歷時十四年的臺灣議會設置請願運動。一九三〇年代短短的十年間，對東亞的人們來說，任誰都會感受是段動盪的歲月，但同樣在一九三〇年代，上海的百樂門舞廳夜夜歌舞昇平，流金歲月好不風光；京都遊廓「祇園春色日芳菲，欲賞花枝願不違。莫怪多情狂杜牧，揚州十載卻忘歸。」極盡風月之能事；臺北的江山樓藝妲則悠悠唱曲，伴隨著酒客喝酒談笑，輕歌婉曲，撫人心腸。

藝妲以賣藝為生，唱曲是基本能力，言動之間所透露的嬌媚，亦是賣點之一。

所謂藝妲，是指清治末期到戰後初期，在酒樓筵席之間唱曲陪觴的女子。酒席之間總不免女子作陪，似乎已是臺灣歷久彌新的跨時代酒家文化。日治以前，臺灣因對外貿易興盛，港口碼頭自然發展成熱絡的生意場，助興的藝妲也逐漸成為老臺灣酒家文化中不可或缺的要件，其與港口貿易和商業發展同棲共生的產業特色，也是藝妲聚集在大稻埕一帶，或各商業鼎盛之地的原因之一。人家說「登江山樓，吃臺灣菜，聽藝妲唱曲」是正港臺灣酒家圖像，但事實上，上酒家未必要去江山樓，臺灣菜與藝妲，才是必要條件。

一九〇八年四月，大稻埕的共濟醫院落成，在庭園舉行落成典禮，典禮過後，來賓有的到醫院內參觀裝潢格局，有的則三三兩兩聚在庭院裡閒話社交，客人當中並有二十餘名女給周旋其間助興。

「出局」的才不出局：藝妲

日治時期的藝妲不但不能任意執業，還受到嚴格的管理。第一次世界大戰讓歐洲亂成一團，日本間接受惠，嘗盡景氣的甜頭。一九一七年，江山樓在臺北大稻埕開業，開啟了藝妲的極盛時期。大稻埕的藝妲因此在一九一八至二〇年前後達到全盛時期，當時叫得出名字的藝妲就高達三百位。

後來，官方對藝妲的管理日趨嚴格，依據法規規定，必須取得「鑑札」方許開業。所謂鑑札就是從業許可證，上面登載姓名、地址等資訊。藝妲的活動範圍僅限特種營業區的「遊廓」，如果受點召到酒家工作，稱為「出局」，酒家受酒客之託，到藝妲間請藝妲「出局」，再由人力車夫拉來藝妲。一九二七年，政府規定藝妲亦受管理機關「檢番」管理，客人要藝妲出局時須先向檢番登記並繳費，藝妲出局時也得隨身攜帶鑑札以備官方檢查。換句話說，不管酒客與藝妲之間有沒有檢番作梗，越是紅牌的藝妲，越是「出局」。

日治時期臺灣名作家張文環也說，有的藝妲有酒家包了，也有寄住的，前者有年限，後者隨時都可以換「碼頭」，據稱這種駐館或靠行的藝妲以中南部為多。而才藝出眾、等級較高的藝妲則有專屬的「藝妲間」，通常在二樓。調查三十五名大稻埕藝妲的結果，有二十五人住在二樓。二樓的「藝妲間」不僅能讓外表看起來不似藝妲間，同時在人聲鼎沸的稻江地區，還能讓出一樓做生意。

藝妲間的裝潢擺設十分講究，登上二樓，別有洞天，酒客要藝妲作陪，就必須親自來到藝妲間。有些人是為了捧某藝妲的場而專程來到藝妲間，有些人則是先在酒家召來藝妲陪酒後，第二攤的「二次會」才到藝妲間欣賞藝妲的演唱，通常這時已是夜深，飲酒聽歌，好不陶醉。

練「藝」與「飲墨水」：藝妲的養成

藝妲的養成並不簡單。清末上海的青樓女子分成不同等級，等級越高的越是以賣藝為主，等級低的只好以賣身為生。臺灣亦然。雖說藝妲某種程度也是從事特種行業的女子，但她們和單純的娼妓不同，娼妓賣身，藝妲多數賣的是「藝」。

「藝」不是人人有，需要天賦和苦學，因此藝妲大約九、十歲的小小年紀就被養母買來，為了將來從業時能有好條件，除了像其他女孩上學去，自小還得接受琴棋書畫的嚴格訓練，辛苦難為外人道。藝妲雖然能去公學校讀書，目的卻不在習得知識與道理，也不能像其他小女孩一樣擁有天真無憂的童年，同樣一條登學之路，其實是通往成為名藝妲的坎坷之途。同樣是上學，藝妲有著太多不為人知的辛酸與心酸。

除了才藝，做為一種取悅男客的職業，也得學習唱酬應對，學個幾年以後，就展開「實習」生涯。北部初出茅廬的年輕藝妲，習慣上會到中南部酒家「見習」，俗稱「飲墨水」。狹長型的臺灣，因為多數河川成東西向的地理特色，導致南北相對隔絕，導致南北很多習慣與文化都不一樣，不只語言聲調不同，飲食口味各異，連藝妲都有差。

中南部「見習」，一方面可以在不同地域文化的酒家中學習實務經驗，另一方面也是暗想著先從南部打響藝妲的名聲，回到北部之後才有高身價。張文環在他的小說〈藝

藝妲的養成需要數年時間，往往都是自小就開始培養，圖中藝妲人人穿漢服，裹小腳，最左方的藝妲年紀尚小，透露著藝妲「傳藝」的訊息。

旦之家〉裡，這樣寫下南北藝妲的差別：「在南部，她們多半寄住在酒家，客人也不會在藝妲的家款待客人。在臺北，走過陰暗的巷弄，上了黑黝黝的樓梯，一進去便如到了另一個世界，電燈輝煌，巨大的梳妝台與衣櫥，加上好像是埃及女王用過的眠床與長椅，還有花瓶、插花等擺設。臺南的，根本就沒有這一套窮奢極侈的設備。臺北的藝妲所以大多需要到南部走一遭，就是因為南部不需要太多的資金就可以成為一名藝妲。」

容貌、唱曲、獻酬，缺一不可

如果把藝妲想像成簡單的風塵女子，那可就太低估她們了。一個專業的藝妲，容貌、唱曲、獻酬三條件，缺一不可。「獻酬」即與客應對，好的藝妲在唱曲之餘，還能和客人應對如流，各種話題都能有相應的對話，即使不說話的時候，也能在眼神顧盼之間展露無限風情，例如藝妲許阿英「迴眸一盼，蕩逸飛揚」，新阿勉「柔媚之中，微含蕩意」，勾得客人心神蕩漾。

唱曲、獻酬可以練，與生俱來的容貌如果不夠出色，就得靠服裝首飾等行頭多多幫忙，藝妲的服裝向來與時俱進。她們也多半擁有獨特的名號，取名大多偏好「新」、「小」、「金」、「玉」、「寶」等文字，當時臺北的知名藝妲就有奎府治、黑貓珠等

宮田彌太郎所繪之〈稻江春宵〉。一九一〇年代後期，藝妲進入全盛時期，以臺灣人為主要消費者的藝妲文化，自然也以臺灣人居住的大稻埕為中心地。

人，奎府治在一九三四年中國漢學名人江亢虎來臺的筵席上表現亮眼，名聲更為響亮；其他還有玉嬌、小彩鳳、巧雲、碧蓮，都是大稻埕上得了檯面的藝妲。

陳逢源曾說，稻江一代的藝妲中，無人能出花月雲之右。花月雲不僅一口北京話，還曾在廈門磨練花旦與青衣唱曲，並在勝利唱片灌錄〈四郎探母〉與〈霸王別姬〉兩曲，一聽其曲，便能領略傳統藝妲的美妙。

另一方面，「賣面不賣身」的藝妲並非臺灣獨有。文學家劉捷曾說，一九三〇年代福州有白面媚、清唱軒賣藝女子，上海也有堂子、長衫、腰二，廈門則有董子班，專攻文人雅士附庸風雅。大稻埕的高段藝妲能即席創作，隨意吟唱，其作不僅合於音韻，內容更別具深味，在她們身上，曲高未必和寡。

出局一次五圓：藝妲的待遇

在日本，藝妓以「本」為單位計價，「本」在日文是「枝」的意思，在沒有近代時鐘的年代，計時全靠線香，「一本」是燃燒一枝線香的時間，大約是十五分鐘。在臺灣，藝妓「一本」收費三十錢，一個小時大約是一圓二十錢。

至於臺灣藝妲的收入，一九二七年藝妲被納入檢番統理時，檢番規定藝妲出局一次五圓，每局以三小時為限，超過三小時者，每超過一小時算一局。事實上藝妲真正拿到的並沒有這麼多，其中包含給伴奏「曲師」的費用五十錢、酒家抽三十錢、檢番也抽五十錢，真正到藝妲手裡的僅有三圓七十錢，還不含往來出局時藝妲自付的車資。以平均每名藝妲每日兩局的出局頻率來看，月收入大約為八十圓左右，是當時一個普通上班族的月薪。

儘管一看之下是不錯的收入，但藝妲每月得繳交檢番的公積金，再綜合藝妲養成過程中學習各項才藝的學費，除了少數大紅大紫的藝妲，多數藝妲的投資報酬率並不算高。

南北之間的差距也不僅止於藝妲的執業形式，消費價格也有差。相對於北部的藝妲出局一次需要五圓，中南部藝妲只要二、三圓上下。當然，無論南北，為了不給檢番「抽稅」，不透過檢番，私底下偷偷接客出局的藝妲也不算少。

儘管如此，整體而言，藝妲在所有的歡場行業中，收入還是比較高的。妓女陪宿一晚三圓，專陪酒客喝酒的酒家女「酌婦」一次一圓，女給陪酒一番則僅有一圓，同樣賣的是臉蛋或才藝，高段藝妲的社會地位和形象一般娼妓可謂望塵莫及。別說文人寄詩給藝妲了，一九三〇年代發行的通俗雜誌《風月報》，一開始就是文友之間互通藝妲消息有無的刊物。藝妲消費的已經不只是藝妲本身，她們是一種介於雅俗之間、獨特的風月消費文化表徵。

不過，有知名藝妲，當然也有風評不佳的藝妲，有的人騙財騙感情，愛慕虛榮，手段狡猾。藝妲也依照其色藝分成好幾種等級，色藝皆高的自然是上品，才華平庸或年老色衰的，就隨著市場性而逐漸被淘汰，由賣藝轉作兼賣靈肉的藝娼妓了。

洋味與粉味：女給

如果說藝妲是「嬌」，那女給就是「媚」；如果藝妲流露的是臺灣傳統的古典美，那女給所散發的，就是新潮摩登的現代美了。

要談女給，必先說咖啡店（カフェー）。和一般的飲食場所不同，根據法令，咖啡店可以提供酒類飲食，並有女性在旁服務。臺灣第一家咖啡店據說是一九一二年在臺北

咖啡店文化以一九三〇年代最為興盛，廣告也打得兇。圖右方為屏東潮州黑貓咖啡店廣告。

市新公園內的公園獅子（パークライオン）咖啡店，由產業界大亨篠塚初太郎耗資一萬圓興建，內部裝潢走西式風格。開業後生意大好，即使一杯咖啡要價八錢，含糖牛奶一合七錢，每天早上六點半開始營業後，依然供不應求。

公園獅子咖啡店是純喝咖啡的咖啡店，但咖啡店後續的發展，出現了另一種有女給陪侍的「不純」咖啡店，這種咖啡店兼賣酒和餐飲，而且不只臺灣，日本也一樣。一九三六年，東京「東天地咖啡店街」某家咖啡店的飲料單上，除了咖啡，還有啤酒、威士忌、可可亞和牛奶，走在咖啡店街上，不時會聽到店內電唱機傳來當時最流行的藤山一郎或東海林太郎的歌聲。這樣的咖啡店營業時間越來越晚，服務的內容當然也就不同了。

「女給」是日文「女給仕」的簡稱，「給仕」本來是指服務員的意思，未必所有的女給仕都是指在咖啡店的女服務生，只是後來法規規定「女給」是「咖啡店中，在客席之間從事餐飲服務，並斡旋於客席者」，簡單來說，就是咖啡店裡的女侍應。由於「女給」一詞越來越清楚且狹義地指那些在咖啡店陪侍的女性，大家習以為常之後，在其他場所服務的女服務生涵義自然也就淡了。

藝妲需要數年養成，正式執業以前，還得到中南部「實習」一趟，相對來說，女給就沒有這段繁複的歷練過程，因為這是一份以交際手腕為賣點的職業，不需要深厚的才藝底子為基礎，學歷也不是從業的必要條件。一九二七年臺北州調查女給的學歷，一百零一位女給中，有八人沒有上過學，小公學校畢業的占三十六人，除了僅僅六人擁有小公學校以上學歷，其餘皆是小公學校半途肄業，可見女給的學歷普遍不高。一九三八年，臺北永樂咖啡店出現了一名畢業於臺北第一高女的女給，畢業後還先在商工銀行工作了三年才轉職女給，高學歷當時特別引人注意。

若有似無的情愛遊戲：女給的工作

女給的工作不在於提供端茶送水的餐飲服務，而是一種與客人眉來眼去的嬌媚。從客人步入咖啡店後那一聲甜膩的「歡迎光臨」開始，女給送上的是曖昧的語言與若有似無的身體接觸，要求客人點酒水，並向客人收取小費。

如果說藝妲是細火慢燉出來的清湯，看似平淡無奇，實則口齒留香，令人回味再三，那麼女給就是快炒熱燙，火辣直接。身為女給的條件就是年輕貌美，她們重視化妝與服裝，走在時代的尖端，剪髮燙髮樣樣來，至於會不會才藝不要緊，只要能來上幾首流行歌就可以，如果還能跳些舞，就更能博得男客歡心了。

一九三〇年代，咖啡店開始在街頭林立，女給的人數也逐漸增加。根據一九三四年國勢調查的結果，全臺灣從事旅宿、料理店、飲食店的女服務員（女中）、女給仕的總人數為三六三八人，其中在臺日人為一七六〇人，臺灣人為一六九三人，還有外國人二十五人。當然，這些女性不全然是女給，但應占有相當人數。另外，一九三五年僅臺北南區就有四十七間咖啡店，每店若有十位女給，人數就十分可觀。研究者統計的數量則推估，一九三五年臺籍女給約近五百人，但一九四一年已暴增三倍以上，高達一千三百餘人。

當然，女給的市場越來越競爭，提供更「火辣」服務的咖啡店開始加入戰局，工作時間自然也越來越晚。曾有民眾呼籲警察當局應嚴格取締咖啡店的營業時間，明明最多只能到深夜十二點，卻常常在熄燈後還是明知故犯地默許女給們繼續營業到半夜，「真是不像話！」該民眾氣呼呼地說。

女給的年紀管理規則完全依照各地自訂的標準，像是新竹州在一九三二年規定女給和藝妓、酌婦相同，年紀不得低於十二歲，執業前須向郡守或警察署長申請許可證，而且工作範圍只能在咖啡店。

儘管法規如此，但遊走條文的灰色地帶與鑽漏洞的女給仍不在少數，例如在業餘時間與男客以朋友身分相約到他處。一九二四年某個夏夜，臺北亭咖啡店的十七歲女給松島益子（マス子）在半

永樂咖啡店廣告。位於臺北市西門町的永樂咖啡店是日治時期臺北市知名的咖啡店，其廣告已經以女給作為主打策略，燙髮的摩登外表與嬌媚的身段，正是女給給人的印象。

「咖啡店界的王座」，花蓮老虎咖啡店廣告。玻璃窗與窗簾傳達出西洋風情，不忘強調「女給軍服務滿點」。

夜兩點關門後，又和二十七歲的魚商許行來到新公園幽會，兩人在深夜的公園裡做著火辣情事，被路過的巡察發現而懲罰。類似的例子所在多有，儘管離開咖啡店了，因為不在工作時間之內，幾乎和娼妓無異的「特別服務」到底該如何定位？是否取締？讓當局大傷腦筋。

小費至上：女給的待遇

基本上，女給沒有固定的月薪，她們靠的是客人給的小費，在咖啡店攬客賺取小費的女給，就像和咖啡店老闆租借一個營業空間似的，每天還要另外付給一圓至兩圓不等的「房租」。一九三七年年底一份針對臺北市職業婦女月薪所做的調查顯示，女給的收入最高為二百圓，最低僅有十五圓。就高薪來說，女給高於小學校教員的一百五十圓、新聞記者的一百圓，以及保姆的一百圓，藝妲和女給不相上下，僅有女醫師、產婆等專業職高於女給。但就最低收入來看，僅僅十五圓的收入，遠遠不如車掌的二十七圓、製茶女工的八圓，以及替人洗衣服的洗濯婦。

高低水準的收入落差之大，顯示女給是份收入波動極大的工作，女給自身也坦承，隨著經濟的好壞，一年裡常有度小月的日子，工作本身就是景氣的風向球。一九三六年，曾有女給說，自己從業的咖啡店裡有四十五位女給，各人每天大約有兩位客人上門，但經濟不景氣時，一個月裡總有一、兩天一個客人也沒有，遇上這種「慘淡經營」，走在夜深的回家路上，空空如也的錢包壓得腳步沉，心情沉滯濕黏，一點也不颯爽。

就算是收入好一點的日子，女給同樣坦言只是表面光鮮亮麗，實際上扣除治裝費、化妝品等費用，再加上作為一個女給，總不好自己親手洗衣服、做菜，因此加上這些飲食、洗衣等必要的生活開銷，每個月同樣是月光族。

女給、烏貓、跳舞婆：女給的地位

用不著多說，除了少數才貌雙全的藝妲之外，因為拿甜言蜜語換金錢，絕大多數的藝妲和女給在社會上的評語並不佳。特別是女給，報紙上屢屢出現女給詐欺男客、誘拐、違法賣淫或相約殉情的新聞。

徐坤泉的小說《靈肉之道》裡，老一輩的老銅伯邊抽菸邊抱怨時下女性貞操觀念墮落，就用「女給、烏貓、跳舞婆」來舉例。某人說，家中妻子在市場為了一錢兩錢和菜販拚命殺價，男人卻只要聽到咖啡店女給溫軟的問候語，就一圓兩圓地慷慨付出小費。

女給的魅惑。出賣甜言蜜語的女給，總給人戴著面具與男客周旋的魅惑感，整體而言，社會上對女給的評價並不高。

因而經常可見呼籲政府加強女給風紀取締的輿論。

基本上來說，咖啡店被認為是摩登男孩「青男」（モダンボーイ，簡稱モボ）與摩登女孩「赤女」（モダンガール，簡稱モガ）出沒的罪惡根源地，女給就等於「墮落」的同義詞，不少人批評她們汲汲營營於騙取男人的金錢，甚至以「醜惡的標本」來形容女給，批評她們對男客頻送秋波，努力從男客的口袋中挖出小費。

另外，喜新厭舊是人的通病，女給界的汰舊換新也很快速，除了歲月的步步進逼，咖啡店的服務也一家比一家火辣直接，甚至有店家偷偷提供私娼賣淫媒介。看透了情愛遊戲，的確有些女給過著聲色犬馬的日子，鎮日和男客周旋委蛇，紙醉金迷，寅吃卯糧，不是不往前看，而是女給的未來不能也不堪一顧，只好等到年紀大了，客人少了，日子過不下去了再來打算。車掌或電話接線生利用業餘時間學習才藝的風氣，在女給界相當少見。

不過，對於來自社會的輕蔑指教，女給也有話要說。某位女給說，她們並不是要比較誰的工作比較辛苦，但投入工作的全副心神不輸給路上任何一位工作中的女性，有不少女給一肩扛起家中必要的經濟開銷、弟妹上學的學費、生病雙親的醫療費用，這些都是女給界聽來令人感動不已、卻又不勝唏噓的動人故事。

夢醒時分：藝妲與女給的轉型

除了陪侍工作，不少歷史片段都找得到藝妲與女給的美麗身影。

一九三七年臺灣人自創的第一家電影公司「第一映畫製作所」製拍了第一部電影《誰之過》，男主角是臺灣電影史上第一位男演員劉喜陽，當年他還為了拍攝電影《大佛的瞳孔》而遭到當時任職的新高銀行開除，而《誰之過》的女主角，正是藝妲連雲仙。儘管這部電影未能換得亮眼的票房，但後來，重視身段、懂得應對的藝妲參與電影演出已經不是稀有的事情了，日治時期臺灣不少唱片也由藝妲灌錄。影歌雙棲，正是藝妲風華。

一九三五年，臺灣舉辦了一場有史以來規模最大的「臺灣博覽會」，主要會場在臺北，因此臺北的女給們統統動員起來，排練舞蹈戲劇，參與表演活動。要說陪侍是她們的首要專長的話，善於利用自身的優勢來發展第二專長，或許也是藝妲與女給的意外發展吧？

曾有人好奇，藝妲和女給，難道一踏出家門就墮入了煙花界？前文提到的張文環小說〈藝妲之家〉中的女主角彩雲，小時候被貧苦的生家賣給人當養女，公學校畢業後先在縫紉工場工作，後來又當檢茶女工、雜貨店店員，十九歲才決心成為一名藝妲。然而，像彩雲這樣做過許多工作才委作藝妲的女孩子，在現實社會的比例可能並不高。一九三五年一次非正式的調查顯示，臺北大稻埕檢番轄下的八十五名藝妲，多數在成為藝妲之前並沒有正式的工作，也有八位是從女給轉職過來。從藝妲自小養成的歷程來看，從業前的空白職業欄並不會令人匪夷所思，但也顯示了女給與藝妲工作性質的類近。

年輕女性賣笑鬻藝，自古以來多是無奈嘆息聲多於歡笑聲。日治時期有人分析，成為藝妲的女子，多半出身貧寒家庭，或是家中食指浩繁，不得不出入燈紅酒綠之間。除此之外，漢人社會長期以來存在重男輕女的性別觀念，導致「媳婦仔」（童養媳）、養女等近似於人身買賣的惡習無法根除，也是造成女孩子自小被賣作藝妲的原因之一。同樣的，女給的出身通常也不好，從她們學歷普遍不高就能略窺其貧寒的出身，可說各人雖有不同的家庭背景，但人生卻一樣坎坷曲折。

不過，倒是很少聽到從女給轉作藝妲的，畢竟藝妲的養成耗時費力，要和青春搶時間，女給速成許多。

互別苗頭：藝妲vs.女給

女給和藝妲雖然都是主打外表的工作，但某種程度上，兩者之間又存在著競爭關係。特別是相較於藝妲的消費，咖啡店不僅消費較為低廉，裝潢還帶有現代化摩登風情。再者，不像藝妲講究的是一種近乎文學唱酬般的雅興，女給的作風與言行都更為大膽狂放而直接，流行歌與流行文化的市場打開後，重視刺激與享樂的年輕族群成為消費主力之一，再加上過去藝妲的消費者多少也受到時代氛圍轉變的影響，女給的簇出，著實給藝妲帶來不少壓力。

女給的攻城略地，逼得乏人問津的藝妲不得不面臨轉型的問題，改變穿著打扮、學唱流行歌和跳舞。陳逢源提到，藝妲分成能讀漢文寫漢詩的傳統藝妲，以及能說日語，加減會一些古調與流行歌的新式藝妲。其實，傳統藝妲日漸凋零，新式藝妲成為藝妲界的主流，甚至有些藝妲直接轉作女給，以求生存。

歡場這條路基本上是條單行道，藝妲和女給的選擇不太多，也難以回頭。看看藝妲的年紀吧！最初超過三十歲的藝妲即稱老藝妲，但之後漸漸地有年輕化的趨勢，一九三五年的調查中，大稻埕的藝妲只有八名超過二十五歲，絕大多數集中在十八到二十二歲之間。色衰愛便弛，一般說來，女人多數的時候，年紀和魅力還是成反比，藝妲在二十二、三歲就得面臨「金盆洗手」的階段，年紀漸長而在競爭中敗下陣來的藝妲，如果沒能找到託付後半輩子的良人，多半選擇招夫，招贅夫婿，不然只好轉賣鑑札，或是轉作娼妓，改操皮肉業。

另一種情況是在自己尚有名氣時，趕緊買來稚女，自己則轉作養母，培育養女成為接班人。像這樣的養母，有時手邊不只一位養女，也可能在女孩成長到了一定的年齡後再轉鬻他人。當然，正如同自己年輕時走過的篳路藍縷，今日的求「才」為的是來日的求「財」，「媳婦熬成婆」的藝妲，必定也會嚴格要求養女。如果押對寶，養女長成搖錢樹，養母就有了收入，這時養女若想獨立或轉業，自然會受到百般阻撓。像是〈藝妲之家〉裡，秋成終於和藝妲彩雲求婚，希望她離開風月場所時，彩雲就受到了養母的阻撓，只得剪斷姻緣線。

《望春風》廣告。《望春風》是一部以藝妲的苦戀為題材的電影，上映之後賺人熱淚，轟動一時。藝妲固然出身歡場，但看完《望春風》，誰人能說歡場無真愛？

莫道歡場無真愛：藝妲與女給的愛情

不用說，愛情與婚姻，也是藝妲與女給期待的終點之一。

你說，藝妲和女給期不期待有人疼愛？盼不盼望除了金錢之外也有人拿心來換？有文人曾說，藝妲和男客之間不可能有真正的愛情；也有人說，無論是藝妲或女給，有的只是逢場作戲和薄情寡義。自古以來，銷售愛情的業種，似乎總超載了太多虛假的指責，缺乏情深意重的形象，難以取信於人的真情。的確，從工作內容與性質來看，因長期而表面的男女往來所造成的情愛冷感，可能真的是這一行的職業傷害。不過若回顧臺灣史，往往又不是如此決斷、那麼必然，讓人迷惑。

對一般人來說，一九三七年是決戰的年代，但這一年臺灣人也首次靠自己的力量，拍出了第一部自製電影《望春風》，一部關於藝妲的愛情故事。戲中女主角秋月成為藝妲後，自覺身賤比不上留日的有為青年清德，即使深愛對方，也得忍痛成全。而清德不顧門第壓力，堅守對秋月之愛，讓人感受到藝妲的深刻愛情。又像小說〈藝妲之家〉裡的彩雲，雖然委屈為藝妲，卻始終對愛情抱持著永恆的盼望，即使走在一條荊棘之道上，仍然期待著與雜貨店少東楊秋成的一段愛情能得成全。

當然，你可能會認為《望春風》只是要觀眾拿熱淚來換票房，而〈藝妲之家〉只是作者張文環刻意塑造出來的夢境、是背離真實的文學小說，那你該聽聽王香禪的故事。

王香禪是艋舺地區永樂座的知名藝妲，本名罔市，不僅外貌不凡，才華更是出眾，絕大多數的藝妲僅能唱南北管，王香禪卻是當時少數能唱京戲的藝妲，名冠全臺。她的詩作脫俗，在一次飯局中因受了抗日首領陳秋菊之辱，轉戰臺南，因而結識連雅堂與南社的詩友，詩藝更為精進。後來，王香禪嫁給臺南舉人羅秀惠，但羅不久後移情別戀於名儒蔡國琳之女碧吟，王香禪傷心之餘，出家度日。

出家後的王香禪未久還俗，遇到了謝介石。謝介石是新竹人，也是個腹有詩書之才，留學東京明治大學，畢業後到中國工作，曾兼《日華新報》主筆，滿洲國成立後則擔任外交部長。謝介石對王香禪一見傾心，猛烈追求，在情路上遍體鱗傷的王香禪再次賭下自己的後半人生，和謝介石共結連理。只不過，謝介石日後又納一妾。

詩妓王香禪的故事，別說是藝文界，當時即使是一般人也琅琅上口。還有藝妲真珠，號稱才貌雙全，聲如天籟，初出藝妲界即嫁做人婦，同樣為人熟悉。

沒能嫁人為妻的藝妲若能退而求其次，做人妾室或被人包養，相對來說也算是好結局。不過，藝妲的過去宛如深烙在身的生命印記，從良後是否能得到從一而終的良人，或是妻妾和睦，和平共處，就又是另一段人生故事了。

當然，當時也有數不清的例子，是藝妲或女給向男客騙財，或是藝妲或女給將真情真愛獻給男客後卻真心換絕情的盡付流水。儘管真實的血肉軀體沒能值得一場天長地久的愛情，但換個角度來說，不也說明了雙方之中，至少有一方拿心去跟對方「博感情」？仍有人在這場出賣愛情的遊戲裡，認真地期待著回應。

雖然有些女給其實是已婚婦女，為了生活，在丈夫的同意下操業，但未婚女給一樣期待擁有跟其他女孩子同樣享受愛情的權利。這種心情，臺日皆然。

值得一提的是，第一個完成日本一周飛行的航空士後藤勇吉，娶的就是女給。兩人結婚時頗受親友反對，幾經努力才取得認可，結為連理。婚後兩人並肩努力飛行事業，一九二三年後藤勇吉在大阪實驗降落傘時，妻子不但同行，還親自實驗高空跳傘，可惜後藤勇吉在橫越太平洋的練習飛行時墜機，意外身亡。而這一年，臺灣西部縱貫鐵路海線開通，路線也延長到屏東溪州；內田嘉吉繼田健治郎就任臺灣總督，皇室北白川宮成久王在巴黎因車禍過世，臺灣商業銀行、嘉義銀行和新高銀行決定合併為一，歲月未曾停歇。

有真正的愛情，無美好的結局，賣笑女子的愛情似乎非常兩極化，但她們也是平凡人，有顆平凡的心，期待平凡的愛情，與任何女子無異。

啊，莫道歡場無真愛，只嘆身在煙花中。

敲打歲月：女事務員

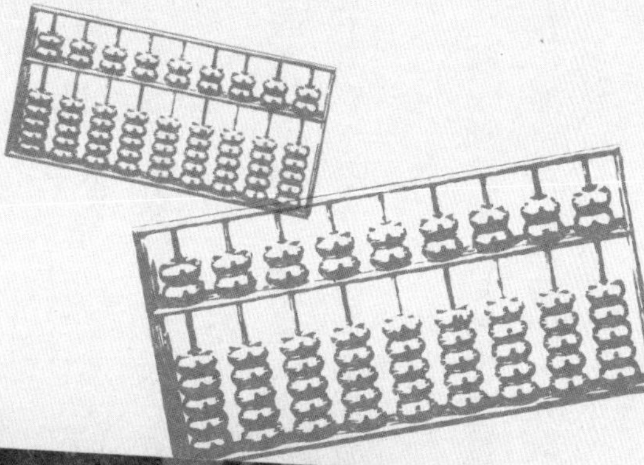

「搞什麼嘛！連這點東西都會打錯？」

「啊，對不起！非常抱歉！」（什麼嘛，還怪人家，明明就是自己的字寫得亂七八糟）

「妳自己看看，這明明是寫著『big』，怎麼會打成『pig』了呢？」

「是我的疏失！非常抱歉，我馬上回去重打一份！」（課長又是令人不悅的嘴臉了……剛剛他還在打瞌睡呢！）

「對了，上午給妳的那份資料，也動作快點，快點打出來喔。」

「是，我知道了。」（唉，今天又不知道要加班到幾點了……）

一九二〇年代的某人將當時社會上的職業大致分成兩種，一種是需要相當智識的工作，像是教師、美容師、醫師、牙醫、音樂家、產婆、照相師、打字員、速記員等，就業前需要接受一定程度的教育，不可能說當就當，社會地位普遍較高，走在路上也多了一點趾高氣揚的本錢。另一種則是女工、司機、車掌、事務員、店員、電話交換生等職業，相對來說不需要亮眼的學歷，工作內容比較容易上手，社會地位中等或偏低，收入也不算多。

女事務員是哪一種？這真是個一言難盡的大哉問。

別說是現在，即使在日治時期，大概很多人對女事務員的印象也很籠統、很模糊。

但這絕對不是女事務員的錯，不是她們工作不勤力，辦事不牢靠，而是因為「事務員」本身就只是一個統稱，它可能泛指在一般公司、銀行擔任灑掃待客等基層工作的非正式職員，像是在辦公室擔任雜役工作的女「給仕」，就是工友；也可能是在公司或公部門中擔任文書工作，具有打字、會計、謄繕等專業文書技術的女性職員，例如負責打字的「打字員」（タイピスト），因為指涉範圍實在很廣，一談起女事務員，總讓人聯想起些許摩登與時尚的印象，卻又摸不著邊際，不免心生困惑。

官廳、銀行和公司：女事務員的職場

想了解速記女事務員的職場人生，得先了解她們在哪裡工作，這些地方又為什麼需要她們？

有篇報導說，女事務員以官廳、銀行和公司行號聘請得最多，但這只是一個概略說法。首先就官廳來說，並不是所有的公部門都需要這麼多女事務員。總督府算是最大宗的，總督府家大業大，聘用最多女事務員不難理解。總督府轄下單位又以遞信部和鐵道部較多，道理也完全說得過去：遞信部兼管電信事業，除了先前介紹過的電話交換生，還需要相當的人力受理民眾的電話申請，並消化內部的行政事務。另外，像是文書課這

臺灣銀行營業部營業情形。

三十四銀行廣告。銀行是女事務員最主要的職場。

類需要大量打字的文書工作單位，自然也需要不少女事務員來幫忙。

再來是銀行，一九四〇年臺灣的銀行，除了一八九九年成立的臺灣銀行以外，還有日本勸業銀行（今土地銀行）、三和銀行臺灣支店，以及本地創設的臺灣商工銀行（一九一〇年成立，今第一銀行前身）、彰化銀行（一九〇五年成立）與華南銀行（一九一九年成立），以及臺灣儲蓄銀行（一八九九年成立），銀行之外的金融機關有各地的信用組合、無盡會社、公設質鋪（公營當鋪）及信託會社。

其實在一九四〇年以前，臺灣的銀行不止這幾家，還有大阪中立銀行（一八九五年成立，一八九九年和日本三十四銀行合併，改名為三十四銀行，也就是後來的三和銀行）、日本銀行臺北出張所（一八九六年成立，一八九九年裁撤）、臺灣商業銀行（僅一九〇二至一九〇四年間開業）、臺灣農商銀行（僅一九〇三至一九〇七年間開業）、嘉義銀行（一九〇五年成立，一九二三年併入臺灣商工銀行）、新高銀行（一九一六年，一九二三年亦併入臺灣商工銀行）等，這些銀行雖然因為法規的制定或景氣不佳，陸續停止營業或裁併，但它們仍活躍於臺灣的金融環境時，即使不是所有的銀行事務員皆為女性，卻著實造就了不少女事務員的就業機會。

看看臺灣各家銀行成立與整併的時間就會發現，它們在度過金融環境的混亂期後，漸漸整併為幾大主要銀行，因此在銀行工作的女事務員自然以經營歷史較久、規模亦大的臺灣銀行、儲蓄銀行等銀行為主要職場。

最後，說到提供女事務員就業機會，不可忘記公司行號這類草根英雄。一八九七年，全臺會社僅有十九間。一九一五年，會社數量已經增加到二百一十家。到了一九二五年，全臺株式會社總數高達三百七十八間，這還僅是「本社」總公司的數量，如果再把分店的「支店」一併計入，數量將更可觀。

一八九八年，日本銀行女從業員人數屈指可數，鐵道省也僅在新橋與上野兩站配置少數幾位站務員，但到了一九一〇年，日本銀行的女性從業員已高達三百一十四人，全日本的女性鐵道站務員也增加至二百四十四人。而在臺灣，一九三四年的國勢調查顯示，從事書記工作的女性共有四百二十三位，對照一九三七年遞信部裡光是兩間辦公室就有三、四十位女事務員，再加上職等較低的女給仕們，讓人不禁懷疑該次調查可能只針對某種層級以上或具有特定專業的職業女性，低估了辦公室中女性所占有的席次及實力。

日語這把尺：女事務員的語言能力

然而，儘管官廳已經設立，公司行號也蓬勃發展，仔細觀察女事務員的民族比例，很遺憾地，臺灣女性仍然和事務員的世界存在著時差，遠遲於商號的飛躍時代。

一九三四年的國勢調查告訴我們，全臺從事簿記、出納、會計工作的女性有七十八位，其中臺灣人僅占十九位，日本人則有五十八位；速記或打字工作的女性比例就更懸殊，九十五人中臺灣人僅有兩位，日籍女性大占上風；至於從事其他書記工作的女性則有二百五十位，相對於日本人的二百零六位，臺灣女性只有四十四位。不過，如果論及在官廳、會社公司擔任給仕的二百四十四人，臺灣人就有一百二十五位，超過日本人的九十八位。換句話說，越是需要專業能力的工作，臺灣人就越吃力。

造成時差的原因可能不只一個，從女性本身來看，這些官廳和公司行號皆由日本人主持，業務往來時使用的語言絕大多數也是日文，要與一群日本人共事，就得使用日語。拿日語這把尺回頭丈量歷史上的臺灣女性，要懂日語最速成的方式還是上學，日治前期能夠流利使用日文的臺灣男性尚且不多，這時要能上學、習得日文的女性更是少之又少，若是考慮到當時少數得以上學的女孩子多出身貴族或地方名望之家，讀書識字的目的未必是為了將來的就業考量，缺乏就業環境、當事人的就業意願與能力，自然拖遲了女事務員走進大時代的腳步。

換句話說，在以官廳、公司為主的職場裡，熟諳日文是女事務員的必要條件之一，以日語為母語的日本女性較臺灣女性更具優勢，也是無可奈何。

遞信部職員撥算盤。臺灣總督府遞信部舉辦珠算競技會的情形。

除了公司行號任用女性擔任事務員外，還有些臨時性的事務員招募。像是一九二六年臺中舉辦的中部臺灣共進會，曾招募十五歲以上的女事務員、女看守人、女接待等約五十名，臺灣美術展覽會也希望有年輕女孩來展場服務。以年輕女孩為導向的工作，多半都是服務性質居多。至於常態性的女事務員則以官廳或大型公司行號為主。

聘用女事務員，除了著眼於女性耐心、仔細的性別特質，特別適合與金錢計算有關的職務需求，還有一個原因是聘用女性的代價比男性便宜。某位主管很直接地說，長久以來，銀行、公司行號或政府機關比其他單位更歡迎女事務員，是因為女性的薪水遠遠落後男性，並不是代表女性的工作效率比男性來得高！他的說法某種程度確實代表了社會對女事務員的看法之一。回顧臺灣百業，男女之間同工不同酬的問題，雖然普遍存在許多行業裡，但也沒有誰覺得奇怪而群起抗議。歷史中的女性，在職場上總是逆來順受為多。

學歷能力萬事通：女事務員的條件

不論女事務員的工作內容如何，要能應徵女事務員，門檻可不低。

剛剛提到的中部臺灣共進會招募的女事務員日薪約一圓四十錢，但必須是高等女學校畢業生，才符合招募資格。一九二九年一則臺北市職業介紹所刊登募集女事務員的廣告則是「臺北市職業介紹所，近日至急募集女事務員約二十名。內臺人不拘。但要高等女學校畢業程度。希望者。至來五日。向介紹所報名。」一九三〇年臺灣實施國勢調查之前，政府也曾募集多名具有高女學歷的女性從事事務整理工作。至少在一九二〇年代中期，除了給仕等例行性的勞務工作，女事務員必須具有高女畢業的學歷，幾乎已是必要條件。

又像是一九〇六年鐵道部徵聘女性事務員，條件是高等小學校畢業，未滿二十歲且父母健在者。為什麼開出父母俱在的身家條件雖不得而知，但高等小學校畢業的學歷要求，就足以打消了臺灣女孩前往應徵的念頭，因為當時絕大多數的臺灣學童是無法就讀高等小學校的。

當然，女事務員並不是一份僅靠學歷就能上手的工作。學歷之外，各行各業在聘用女事務員時，除了共通條件之外，隨著業務內容不同，多少還是會有一些不同的附加條件。現在的徵才條件如果明文寫上「須長相清秀，面容姣好」是違法的，但在日治時期的某些職場裡，秀麗的容貌正是不可或缺的入門磚，特別是那些負責待人接客等門面工作的女事務員，不少公司在應徵女事務員時，明白表示長相是首選要件。一九三六年某銀行主管說，在銀行界，外表的美醜優劣對業績深具影響力，業務往來時，不可讓客戶感受到不愉快，因此公司在徵求女事務員時，「舉止愛嬌是首要條件」，這位主管直言，過於內向的女性比較不受青睞。

有些職場則相較於外在的要求，重視的是多才多能。譬如專賣局的女事務員，在面試之前得先通過常識測驗，除了常識測驗之外，如果還能打算盤或敲打字機者更佳。

敲打歲月：女性打字員甘苦談

敲打的歲月，打字員專屬。

十八世紀已有英文打字機雛型，但關係到漢字的日文打字機，卻直到二十世紀初期才誕生。話說一九一五年，曾經擔任大阪活版印刷研究所技術主任的杉本京太，經歷一年的努力後發明了日文打字機（七十年後的一九八五年，已經過世的杉本京太獲選為日本十大發明家）。日治時期的臺灣，剛剛好趕上了這班文明列車。

打字機的問世提供了女性就業的新選擇。不過民眾一開始對打字機似乎並不信任。一九三八年《民眾法律》刊載了一篇小記事，原來是一九二〇年代某刑事案件的判決書上雖有判事（法官）的捺印，但判決書的內容是以打字機打字而成。這份在今天看來再理所當然也不過的判決書，在當時卻引起被告端的上訴，他們所持的不服理由不是判決本身，竟然是「判決書內容以打字機打成」！被告端依據刑事訴訟法中規定「判決書須判事作成之」，主張判決書必須由判事親筆謄寫；代筆、口述筆記乃至於打字機等，將失卻判事之威信；另外，打字機也難保裁判之祕密。後來大審院判決斥其上告，慎重其事地判決打字機所繕打的判決書有效。看來，器物的更新和觀念的調整，有時候還是有先來後到的問題。

回到正題。在日治時期，很難不注意到「打字員」這個特殊的次分類，它經常從一般的女事務員中被獨立畫分出來，被視為是具有相當程度的專業工作。在日本，至少到了一九一〇年代後半，打字員因為工作上需要接觸外文，從事者必須具有一定程度的語文素養，因而被認為是地位較高的女性職業。出版於一九一九年的《新時代之婦人生活手引》中談到各項女性職業，其中女打字員「在國外主要是由女性所擔任的工作，但在我國（日本），因為少有具備語文能力的婦人，因此直到今日，仍然不到那樣的程度」。正是因為能夠從事打字員的女性人數較少，「一說到打字員，幾乎可說是長出翅膀、一飛衝天一般地受到歡迎」，不僅待遇較高，也被視為是有出息的職業之一。

在臺灣，打字員同樣享有比較高的肯定。打字員又分成日文打字員與外文打字員兩種，不像西方將打字工作委於女性，臺灣的打字員男女均有，像是臺灣銀行在一九一九年就曾刊報誠徵男性日文打字員。回顧歷史，日本的打字員首見於日本的外商公司，因為貿易業務的需要，會聘用數名至十數名打字員。有趣的是，戰前的日本打字員和臺灣相同，以女性為主，戰後卻轉為多聘用男性，女打字員僅在男性不足時補充聘雇。

教妳敲出大未來：女性打字員的養成

打字工作畢竟需要緻密的頭腦與巧妙的動作，被公認為是女性較適合的工作。除了剛剛提到專賣局在募集女事務員時，優先錄取能使用打字機的女性之外，在計算機還沒發明的年代，算盤就是另一項受到重視的專業技能，曾有雇主希望能在女學校課程中加入算盤，積極輔導就業，以便縮短在職訓練的時間，加速上手。在日本，如果打字員還能簿記，起薪之外另有十圓加給。

打字機的發明，以及官廳、公司行號林立，連帶產生了對打字員的依賴與需求。正因為就業市場對打字員的供不應求，連東京都出現過「打字員養成所」，專門育成能夠英打的打字員，在這些打字學校中，位於東京神田的「正則打字員學校」據稱是最知名的。

臺灣也辦過打字員養成所，一九三〇年臺北市壽町內的「臺灣打字員養成所」還特別增設英語打字科，招募新生，分上午、下午、夜間三班教授英語打字。另外，戰後不存的臺北第二高等女學校，其同窗會常設事業之一就是打字員養成部，專門養成英語打字員，速成科每天練習打字四小時，兩個月結業，普通科每天練習兩小時，四個月結業。

除了坊間的打字員學校，偶爾也有打字機廠商為了推銷自家的打字機而舉辦免費的講習會。一九二一年，東京日文打字機製造公司（東京邦文タイプライター製作會社）就為了推銷該公司改良後的新款日文打字機而舉辦「無料講習會」，已是打字員或有志成為打字員者，人人皆可向總督府文書課報名參加。

打字員因為必須判讀文字，甚至校對文法，因此相對來說學歷較高。日本本國女打字員的學歷至少得是高等女學校畢業，識得英文，打字迅速。臺灣也不遑多讓，高女畢業同樣是基本條件。

日本打字機株式會社的日文打字機廣告。

基本上，高女畢業在當時已經是相當高的學歷，再加上不少高女畢業生出身富裕人家，沒有迫切的就業壓力，學歷只是論及婚配時錦上添花之用，因此在競爭者必須具備高學歷與高知識的高門檻下，部分對人生有積極規畫或有就職需求的女孩，只要肯學習打字技巧，應徵打字員錄取率頗高。

錄取後需經三、四個月的職場訓練，訓練內容除了打字，有時也包含一般庶務。某位打字員說，一開始總是不免誤字，日漸熟悉之後，也就能獨當一面了。

打字員化手稿為印字，彈指之間，看似工作輕鬆，其實也有難為外人道的甘苦。某位在政府機關工作的打字員說，手稿字跡潦草導致判讀錯誤，造成打錯字而挨罵是常有的事，就算字跡工整，打字容易，整天不停敲打機器上的按鍵，很快地也會敲掉對工作的新鮮感與熱忱。除了打字之外，有時候也得兼做跑腿的行政事務，工作內容蕪雜又無趣，但是如果能在去郵局的回程路上，溜到公園散散步、曬曬太陽，就是偷得職場半點閒的小小幸福了。

屈指之數，屈指可數：女事務員的待遇

一九二七年，東京三井物產會社的女性英文打字員小村薰，在公司服務近二十年

後終於要退休了。四十一歲的小村薰在退休時，二十年的工作年資讓她得到一萬圓的高額退休金，一萬圓在當時可是非常不得了的金額，還記得三年前的一九二四年八月，臺北、新竹、臺中遭遇風災時，日本皇室下賜給臺灣的慰問金也是一萬圓。小村薰不只可以拿到一萬圓退休金，再加上在職期間存下的儲蓄金，總共可以領到三萬圓。小村薰說，她領到三萬圓後，要直接將一萬五千圓存入老東家旗下的三井信託會社。

一九三一年，報紙報導了日本銀行、三井合名等幾家大型企業募集或聘用女性從事事務員工作的情形，各家公司所訂定的條件與待遇略有不同。日本興業銀行聘用約百名高等女學校畢業的女性，月薪約為三十圓前後，她們多在二十五、六歲時離職去結婚，三越百貨公司總店與分店在該年度合計約聘用一千六百名女事務員，其中六百五十名為高女畢業，日薪約為一圓二十錢；朝鮮銀行則聘用女性打字員與服務員，打字員的月薪約為三十五圓上下。

報上也曾引用同時期在西方世界進行的一則調查，提到美國的女事務員月薪換算成當時的日圓，大約是二百八十圓，俄羅斯的女事務員也有一百八十圓的月薪，而日本只有區區三十圓左右，看到「列強」的女事務員，真是羨煞一票東方女性！

那麼，臺灣呢？

臺灣的女事務員，依照其服務單位與工作內容，待遇又分成不同的等級。會社事務員每月最高收入可達九十圓，最低也有二十圓；其次是官廳事務員，最高月薪八十圓，最低則是二十五圓；打字員稍微少一些，排行第三，七十圓是這行的最高月薪，最低有二十八圓。以上三種身分的事務員月薪算是中等偏高，遠遠高於製茶女工、女中、傭人等勞動業與服務業的待遇，也領先車掌和百貨公司售貨員，能和之匹敵的是廣播員、保險員和汽車司機。

至於官廳與公司行號的工友給仕，算是事務員中待遇最低的，最高月薪分別是三十五圓及三十圓，最低則是十圓及八圓。原則上，文員的待遇還是比較好。

由於女事務員並沒有已婚就必須辭職的職業要求，最重要的

遞信部職員合影。1930年電話主任會議合影，由照片可看出遞信部已有女性事務員。

就業本錢也不是年輕的芳齡年歲與貌美的青春體態，因此她們的職業生命自然比藝妲、女給來得長而穩定，有時甚至長於車掌和電話接線生。多數的女事務員表示，離職是為了結婚，想要專心在家操持家務，屬於自願離職，除非公司倒閉或犯了偷竊等不可原諒的大錯，不然實在不容易看到女事務員被裁員的訊息。

名符其實的工作內容

在辦公室裡，就算是有專業技能的女打字員，有時也得擔負一般的行政庶務，更不用說其他女事務員了。一九三六年一位在總督府某課工作的女事務員說，自己的工作非常「名符其實」，就是處理一些例行性、機械性的事務工作，工作的內容與形式也是年年相同，早已習慣，有時候在辦公室可以看到課長偷偷打瞌睡，睡著的課長表情非常好笑。

一九三七年某位不願透露單位的女事務員說，自己的工作就像是辦公室小妹一樣，每天把全部職員的辦公桌擦過一遍，打掃辦公室內外，再奉上茶水，或是接待客人到談生意的應接室。她感嘆地說，這樣的工作，對具有高女學歷的自己來說，簡直就像是被當成笨蛋一樣。

雖然對工作有小小的碎碎念，但整體來說，女事務員還是辛勤工作。遞信部的辦公室中坐滿了三、四十位女事務員，大家以熟練的技巧，一手飛快地撥著算盤，另一手忙著翻頁，「答！答！答！答！」「唰！唰！唰！唰！」撥算珠與翻頁時紙張摩擦的聲音，在安靜的辦公室裡迴盪得特別響亮。

要說到女事務員工作的淡旺季與升遷機會，銀行或許特別明顯。一九三六年，儲蓄銀行事務雇員每年有四次升遷機會，雇員以下的傭人則每年兩次，依照銀行內規辦理。既然是在銀行，每年工作最忙的旺季就是銀行的決算期，大概在決算期的前一個月就得開始準備，因此該月加夜班的機會也就特別多。不過，所謂的夜班，指的是星期六上午到下午的額外加班，並不是想像中那種工作到半夜的情形。包含各項津貼在內，薪水大約是三十圓出頭。

照做準沒錯：好事務員成功守則

正如同人類的生活智慧累積成格言，一個發展成熟的職業，自然也少不了職業守則。以下就是當時的人整理出來的事務員成功心法。

〈事務員成功祕訣〉

一、與其執著於學理與議論，不如研究實際的問題。

二、要盡可能早地融入自己公司、銀行、組合（公會）的性質、方針、特徵等等，並順應之。

三、務使同事關係能夠圓滑。

四、千萬不可汲汲營營於追求功名，要沉著穩定地向前。

五、遇事，臨機應變，不可忘記敏捷果敢的態度。

六、不可只專心於金錢與利害關係。

七、對人，不可忘記良好的態度。

八、特別謹慎於品行。

九、為了公司，為了銀行，為了組合，要捨棄自己的感情。

十、時時理解時代，並盡力於適應之。

十一、特別注意用詞遣字。

說穿了，這份「事務員成功祕訣」根本就是「職場必勝祕笈」，如果能夠做到上述十一點，別說是事務員了，任何工作都能勝任愉快，進退得宜，「從做中學」、「手眼並用」的提點是多少職場的智慧累積，如果職場就是你死我活的廝殺戰場，遵守上述的十一點，就算不能得勝來歸，依然是讓人能平安從前線撤退的王道。

也不得不說說打字員這個在女事務員中獨樹一幟的工作。一九三八年，某人提到好的打字員要做到下列幾點：

一、以笑容迎接工作

身為一個有效率的打字員，不管是面對誰，接受怎樣的工作，都要能夠笑笑地接下來，當然，這非具有相當的修養是沒辦法做到的，特別是有兩、三個急件堆疊在手邊時，還有人不識相地拿著長長的稿子過來，實在令人欲哭無淚。然而，就算是沒辦法再收下而拒絕對方時，也要充分注意拒絕的方式，千萬不可讓對方心生不快，我方如果不能妥適且高明地請求延期或拒絕案件時，就稱不上是稱職的打字員了。

二、不抱怨稿件

身為一個優秀的打字員，難免會遇到雜亂無章的文章，再加上課長或長官用紅字在其上任意批改，這種滿江紅的稿子一看頗令人失望，遇到這種情況，忍不住嘆口氣也是人之常情。但是能將它井然有序地繕打完成，那種滿足感也只有打字員知道，是吧？不過，坦白說，還是希望寫作者能將稿子寫到連新手也能看得懂那樣整齊，字如果寫太小，也會令人近視到想哭的。

三、對工作友善

身為一個體貼的打字員，要能體諒寫文章的人必定非常忙碌，導致往往知道的字也會寫錯或漏字。如果能夠解開這些筆誤所造成語意不明的謎團，依照前後語意正確打字，是打字員責無旁貸的任務，但文法上的錯誤也不可輕忽，必須注意並修正才行。另外，文意不通的地方，如果能夠判斷的話，要能適當修正，如果不行而須向作者詢問時，不可忘記問話時的親切態度。一開始的一、兩年因為工作尚不習慣，或許不必強人所難地硬要調整文章內容，但是有時候明知有誤，卻仍將錯字或文句照本宣科地打出來，這可是一種「忠實的不忠實」喔。

四、工作要盡早、盡善、盡美完成

身為一個負責任的打字員，重視時間與品質是基本的職業道德。不知何時，曾聽某位擔任分店長的前輩說過：「不管是如何微小、無趣的工作都傾注心力完成它。……突擊隊隊員心中也這麼想的那一瞬間，對於在陣地後方的我們來說，不是也很重要嗎？」對於位居責任職的人來說，無時無刻都要抱持這樣的想法。以這樣的態度來工作的話，自然能正確地早日打字，最後的成品也能完美地完成。

嗯，身為一個好的打字員，雖然是辦公室的小小人工影印機，在忠實完成繕打與複寫工作之外，要掛心的事情還真不少！無論如何，不管在辦公室擔任怎樣的職務，負責任的態度是優質工作的首要條件，今天的我們，也得切記切記。

平凡而穩定：女事務員的生活

談到女事務員的職業病，和今天久坐辦公室的ＯＬ一樣，女事務員最常患的就是肌肉痠疼與腸胃消化的毛病，腰痠背痛的問題古今皆然，長時間維持同一姿勢打字又缺乏日照，「又胸痛了⋯⋯」、「該不會心臟有問題吧？」百年前後的古今臺灣上班族，多少人想著同樣一句話，腰痠背痛宛如上班族女郎無可避免的宿命。

至於消化不良，那可就不同了。現在上班族幾乎是三餐在外解決的「老外」，營養不均、熱量偏高又長時間不運動，因而引起消化道問題，但在日治時期，女事務員可沒有一走出辦公室就有一堆熱點甜湯任君選擇的環境，她們中午經常只吃仙貝（煎餅）等簡單輕食，配上清淡的熱茶，是因為長期的營養不良才造成腸胃不適。

對女事務員們來說，辦公室有一種強烈的團體氛圍，視中午的午餐時間為理所當然又不得不然的社交時間，就算身處能夠外食的環境，大多也是聚在辦公室的休息區內閒話家常，很少聽到誰說中午一起去外面吃午餐、聊是非。

一九三〇年代後半，隨著戰爭的氛圍越來越強，「體格向上」的口號喊得越來越響，各行各業都呼籲重視體能，好隨時在自己的工作崗位上為國家效力。

遞信部匯兌存放課（為替儲金課）的松下課長也認為，鼓勵女事務員們多運動是個一石二鳥的好方法。松下課長在受訪時表示，透過運動強健體格，不僅能夠提升工作效率，「婦女也是背負著下個時代的母親，」還能對未來有所貢獻。就這樣，遞信部內兩三課的女事務員們，下班後開始利用第一高等女學校（今北一女中）的校舍來運動，無論是排球、籃球或網球，參與人數逐漸增加，甚至可以組隊比賽！田徑項目則有不少第一高女畢業的女事務員參加，以校友的身分再回到熟悉的校園運動，讓她們開心又懷念。至於游泳，大概是女生怕曬黑吧！人數稍微少一些，而且以女給仕為主。

最後來談談女事務員的感情。

感情的事很難說，這裡難談女事務員的感情，正如同當年女事務員難談的戀情。

女事務員的愛情並不是特別惹人注意的情事，這或許和她們自身的條件不錯，工作單純，收入穩定，作息正常有關，你知道，不是轟轟烈烈或特別崎嶇的愛情路，好像就走不出精彩的故事。

基本上，女事務員因為手持高學歷的畢業證書，在校期間對家事裁縫本來就有一定程度的接觸，這樣的條件讓她們不管從事什麼職業，尋找婚配對象都非難事，但如果因此說她們的感情一帆風順，無憂無慮，那也言過其實了。一九三六年一位任職於總督府某課的女事務員說，每天最快樂的事情就是依序把工作處理好，最煩惱的事情就是個人的情事。畢竟感情與能力、學歷皆無關，女事務員用指尖敲打按鍵敲打歲月，敲不碎的是即使青春逝去也永不放棄的待嫁女兒心。

女工

不留一手；

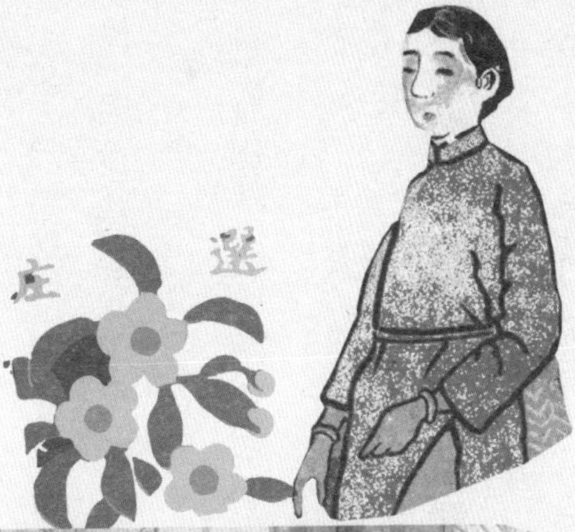

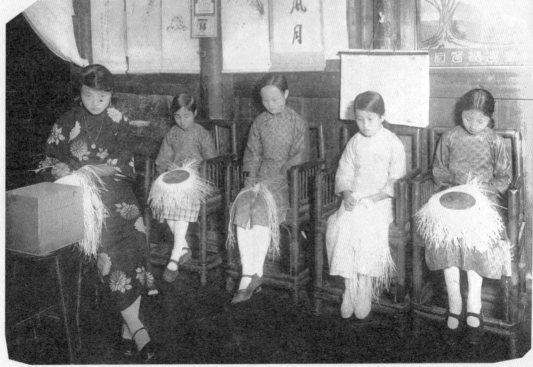

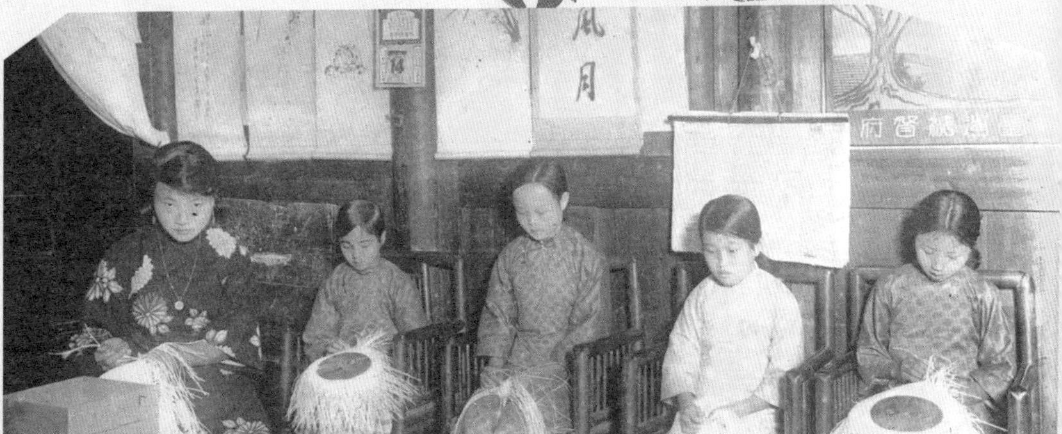

◆出生地：臺北
◆年齡：二十一歲至三十歲之間
◆年資：十年至十五年
◆學歷：無，就算有也不高
◆理想典範依序排列為：孔子、孔明、明治天皇、北白川宮能久親王、乃木希典、鄭成功
◆當今世上最偉大的人依序排列為：三松經次、昭和天皇、石塚英藏

「女工」很特別，因為我們不會特別稱在工場工作的男性為「男工」；「女工」很安靜，因為我們想起她們，不會像談到車掌那樣充滿色彩；女工很認命，很像「媳婦仔」，喔，不，她們很多本身就是「媳婦仔」（童養媳）。

女工有兩種，去工場上班的和做家庭手工的。

日治以前，純手工的加工業

在討論日治時期的臺灣女工之前，先來看看日治以前的情況。日治以前，除了有錢

人家的千金，一般女人只有不「避」勞動，不可能不「必」勞動。而且，日治以前臺灣中、上層社會女性仍有纏足風俗，纏足的千金們就算有意願勞動，也是力不從心。

在「男主外，女主內」的觀念下，這時候一般婦女的勞動偏向家庭手工，像是針黹、女工，或是代人洗衣、裁縫，或受雇為乳母，替人照養小孩。如果有所謂的職場與工作，基本上也是自家既有工作的延伸，就算是走出家庭外的勞動，那一定也是在農忙季節幫忙田作或其他農作物加工。當時機械動力尚未全面引進臺灣，一切只能靠純手工的加工業，就算是所謂的「工場」，由於沒有重機械，要嘛是在家門前、庭院裡，要嘛是住家附近勞動力的集散地，例如向來是臺灣外銷農產品的明星商品茶葉，在茶業拚外銷的年代，「檢茶」這類的農產加工業就是台灣女性的業外收入之一，但薪資不高，貼補家用而已。

家庭即工場：家庭手工

不管是否經歷過經濟起飛的年代，你一定聽過「客廳即工廠」這個詞，客廳裡堆了滿坑滿谷的亮片、聖誕燈泡、廉價串珠和塑膠花，婦女人人拚經濟，打發家中老小上班上學之後，收音機一扭開，就是一整天坐在客廳做到手痠背痛「流目油」，這就是家庭

蓪草工場。臺灣中部盛產蓪草，蓪草加工業成為人人賺錢的好機會，不只是婦女，連小孩都手持剪刀剪起蓪草，有錢大家賺。

代工。然而，「客廳即工廠」並不是戰後臺灣經濟起飛時的特例，早在清治時期的臺灣，除了客廳等於工場，飯廳、庭院，統統都是工場。

臺灣物產豐富，人工低廉，充分利用農作物的剩餘價值是家庭手工的一大特色。即使近代工場陸續取代勞力密集的產業，排擠多餘的勞動人口，婦女從事副業的習慣依舊被保存下來。臺灣人本來就重儲蓄，農忙之餘，女性都會做些針黹刺繡或林投帽之類的在地物產加工，每天賺個八、九錢到三、四十錢的收入。

或許是就近利用在地物產加工之故，婦女從事的副業地域特色相當明顯，像是臺北的北投盛行竹蒿加工，宜蘭盛產月桃製品，竹東的竹紙，中港的草鞋，北斗的麻繩，南投的黃麻，最有名的就是通霄、苑裡、大甲、清水生產的大甲藺及林投製品。家庭手工業的特點之

製麻工場。麻也是臺灣主要生產的物資之一，大型工場在臺設立後，加速製麻業的量產。照片中女工站在機器前，熟練地製麻。

一，在於絕大多數是當地生產的物產，或是鄰近地區生產原料，因人工價格高低而流向人工低廉地區加工。以大甲帽蓆為例，就是將苗栗苑裡生產的大甲藺，送到大甲、清水一帶加工。這些需要人力與技術支撐的產業，戰後因為替代性材料的發達、機器的引進或外國產品在市場上攻城掠地而逐漸式微，今日又因地方推動「一鄉一特色」的社區總體營造而再度受到注意，一時彷彿有走回日治時期女工年代的錯覺，不知今夕是何夕。

只要原料在，技術在，女工就在，多數的家庭手工是常態性產業，但也有一些產業是特殊原因而一時興盛，像是一九二九年臺灣遇上旱荒與穀賤，嘉義地區的男性外出工作，身為一家「財政『著急』人」的女性為了幫持家計，開始採龍眼肉賺外快，剝龍眼肉百斤工資三十錢，核殼可做燃料，工資另計，一擔價格兩圓上下，一人平均兩天可採一擔，這樣的價格對農家來說是很好的收入，又可以充分利用剩餘人力，使得「刻下嘉義街，上自耄耋，下至守門嬌兒，爭集採肉，到處家庭，端擁一擔，均至三更，尤呈熱鬧云。」經濟不景氣，全民拚經濟。

家庭手工算是一門傳承的產業，從業人口更是驚人，一九二〇年的統計顯示，臺灣無職業人口約近兩百萬人，其中超過二十二萬人從事家庭手工，約占一成多，這二十二萬人之中，男性僅有九百人不到，可見家庭手工幾乎是女性的天下。不過在統計上，她們被認為是一群沒有主業的婦女，家庭手工只是她們的副業，但實際上，副業卻幾乎用去了一整天時間，也是她們收入的主要來源，形成「主業是副業，副業變主業」的有趣現象。

一技在手，吃穿不愁

調查還說，纖維類產業是最需要女工的產業，像是製帽、月桃表、製麻和各種紡織品，另外還有專賣局菸草、採茶、選茶、藺草紙與縫紉。臺灣茶世界第一，茶葉一直是為臺灣賺進大把鈔票的明星商品，無論是茶葉製程中的挑選、檢茶，或是三井紅茶等大型製茶公司的茶葉生產線，在茶葉被包裝外銷之前，都可以看到許多臺灣女人辛勤工作

女工

早在大型製茶資本與技術引進臺灣前，製茶業就已經是臺灣最主要的外銷產品之一，女工們更是製茶業發展上功不可沒的無名英雌。

的身影。可惜的是，這些為臺灣品牌把關的守門員，卻總是被人遺忘。

不過如果加入民族因素進一步來看，上述幾乎清一色是臺灣女性擅長的工作，日本女性則善於和服裁縫，別幟一格。

再靠近一點細看，福佬婦人較客家婦人更擅長手工業，這並不是客家婦人比較「憨慢」的緣故，而是因為客家婦人往往予人勤儉刻苦的印象，她們不綁腳，能下田，勞動粗活難不倒，而福佬婦人則是習慣在家操持家務，餘閒編織手工。有句話說「閩婦動手，粵婦動腳」，說的就是福客族群之間的勞務差異。

對講究精緻的手工業來說，一技在手，吃穿不愁。拿大甲帽、林投帽等編帽業來說，一般而言，八歲到八十歲的女性都可以做，只要學會編織技巧，年齡老幼不是問題，學歷高低沒有關係，長相美醜沒人在意。編織大甲帽的工錢一天通常約四十錢，收入足以媲美城市裡的ＯＬ。不用離鄉背井到都市打拚，人在家中做，也能靠一雙手縮短城鄉差距，非常了不起。一天可賺八、九十錢的其他大甲藺製品也有，如果技巧更精緻，能夠編出更具藝術性作品的人，收入更好。當臺灣製帽業幾次出品到各大博覽會及海外市場後，因耐用通風，頗受好評，市場更是大開。一九一四年，光是林投帽的產量就堂堂攀上年產兩百萬頂。後來售價更低的紙帽興起，人人轉做紙帽，讓一九二〇年代臺灣製帽業產值上看兩百萬圓，和磚瓦陶瓷器業的產值不相上下。

編帽業的全盛時期，在盛產大甲帽蓆的大臺中地區，幾乎人人都在編大甲帽蓆，靠

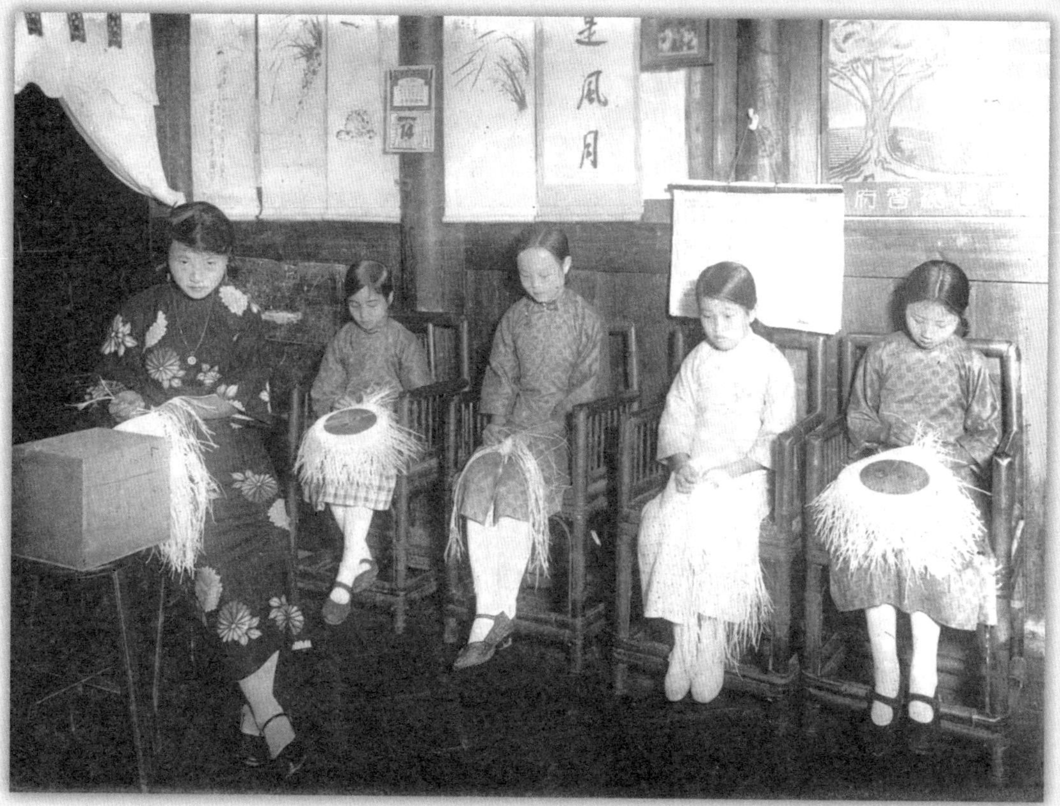

編織大甲帽的女性。大甲帽曾是中臺灣最知名的手工業之一，編大甲帽利潤好，全盛時期家家戶戶的女性，無論老幼，人人忙著編織大甲帽。

海一帶連男性也加入編織行列，因此家家戶戶「不重生男重生女」，一旦「生男管向浮梁去去，生女朝朝奉旨甘」，女人之所以講話可以很大聲，是因為她們的手藝所帶來的收入足以養活一家老小。

除了編織帽蓆，女工也做金銀紙加工、藺草紙、繡鞋等手工。其實女工的日薪全憑技術和業績，技術越高、業績越好，價格也越高。但另一方面，女工幾乎沒有所謂的上下班時間，除了料理家務，其餘時間一做手工就是一整天，最重要的「生財工具」就是一雙巧手，不需要操作高價的器械和龐大的空間，因此她們也是女工中機動性最高的一群。一九三五年四月苗栗和臺中發生了臺灣地震史上規模僅次於九二一大地震的「新竹臺中大地震」，地震過後工場倒閉，百業停工，女工卻於五月初就已復業上工。

做工年代：工場與女工

去工場上班的，則是另一種女工。

臺灣在日治時期苦澀地成為日本帝國的金雞母，開始了不斷生產的命運。總督府為了獲取最大的統治效益，初期即展開一連串的調查，並以大量的調查結果為基礎，推動基礎建設，整備金融環境，以招攬日資來臺發展殖民經濟。農業本來就是日治時期臺灣

經濟的基礎，即使是臺灣產業產值裡的「工業」，大多數還是農產品加工業。體質羸弱的臺灣工業，更加凸顯了臺灣作為農產地的性格。

當時臺灣的工場大致可分為機械器具工場、纖維染織工場、化學工場、食品加工場、雜工場及特種工業工場，它們都「不留一手」，需要大量的人力幫手，完全不留一雙空閒的手。工場數量從一九一八年的二千二百四十四間，到一九二五年的三千九百八十三間，到了一九三五年，已經暴增為七千零三十二間，足足比十年前的數量翻了快一倍，而工業技術提高了使用原動力的工場比例，透過動力設備的輔助，傳統上那些必須仰賴大量體力與技術的工作，這下人人都可以「出手」了。

越到日治後期，工業產值越高，工場數量增加越快，所需要的職工也越多。一九二五年，全臺工場職工共有三萬五千多名男工、近一萬五千名女工，但是到了一九三五年，職工已經有將近五萬名的男工，女工也堂堂超過兩萬名。這還僅是在民間工場上班的職工人數，如果加上在專賣局工場工作的人口，以及家庭手工業人口的話，人數將更可觀。

或許有人質疑，這個統計數字把在臺日人和外國人也一併納入了統計，真正出入工場的臺灣人沒有那麼多。從種族別來看，工場職工超過九成都是臺灣人，在臺日人占不到百分之五，外國人更少，因此就算扣除在臺日人與外國人，臺灣人在工場努力工作的畫面，依然不失真。

菸草和製茶，女工界代表出列！

一說到工場，為什麼多數人會立刻聯想到菸草女工或製茶女工呢？因為臺灣產業發展歷程之故，工場絕大多數都是十五人以下的小型工場，需要大額資金與人力的工場多半由日資企業或官方成立經營，致使我們難以拼湊活動於小工場中的女工面貌。

既然菸草女工和製茶女工是女工界的代表，那麼就從她們來談談吧！

女工界代表一：菸草女工

一九〇五年臺灣總督府將菸草收為專賣事業，農家種植菸葉後由政府統一收購、加工，專賣局最早只生產被稱為「臺灣刻」的菸絲，一九一五年開始生產無濾嘴的「兩切型」捲菸及有濾嘴的「口付型」捲菸，不像日本人或朝鮮人偏愛「兩切型」，臺灣人兩種都喜歡，菸品市場也逐年擴大。從菸葉到成菸，中間得經過理葉、熟成、切葉、捲菸、乾燥、包裝等流程，為了製菸，專賣局先後在臺北設立兩座菸草工場，一座是臺北車站附近的臺北菸草工場，另一座就是今日轉型為文創園區的松山菸草工場。

女工

各種香菸廣告。專賣局製菸工場裡菸草女工的一雙手，包裝過無數支香菸，菸草工場是臺灣女工主要的職場之一。

順帶一提，除了菸草之外，日治時期官方曾將多樣原料或產業收為專賣，負責產銷的專賣局幾乎包辦了臺北城周邊需要大量人力的工場，像是位於樺山町的臺北酒場，以及臺北城南門外、今南門市場後方的臺北樟腦工場等。這些有味道的歷史建築與占地頗大的空間，今日都變身成為古蹟或文化園區，場工們雖已老去，建築一如往昔。

菸草工場是臺灣女工的天下，臺灣女工一天的作息從早上七點十五分第一次敲鐘開始，這次鐘聲是提醒女工們即將開始工作，七點半打第二次鐘並開始做體操，八點上班，上午十點休息

菸草工場女工包裝香菸的情形。人人束髮工作，動作靈活，後方站著管理人員。

十五分鐘，中午休息一小時，工場提供午餐，大夥一起吃飯。接著開始下午的工作，三點再休息十五分鐘，因為在菸場工作身上會沾染菸味及菸屑，因此下午四點有一次洗澡時間，讓員工洗去身上塵味後再下班。

在待遇上，菸草工場女工最高月薪四十圓，最低月薪十二圓，低於公車車掌、百貨公司售貨小姐，和作家差不多，高於縫紉工場和製茶工場女工，算是中等偏低的薪資等級。

女工界代表二：製茶女工

檢茶工場同樣值得一提。

茶業雖然不是官方列管的專賣品，但臺灣茶本來就是風行世界的名物，日治時期更是大力發展的產業之一，強大的產業實力吸引日資來臺經營。一九一九年三井合名會社來臺設場，在既有的烏龍茶、包種茶之外研發紅茶，一九二八年以後將臺灣紅茶以「日東紅茶」的商標銷往世界最大紅茶市場英國，當時和印度的大吉嶺紅茶並稱世界上最優良的紅茶。三井在臺灣北部山區設有茶園及工場，茶葉的栽植、選別、篩分、切斷、混合、包裝，都在工場一條龍生產，商品最後的「洗阿給」修整品管，則是在萬華築地町

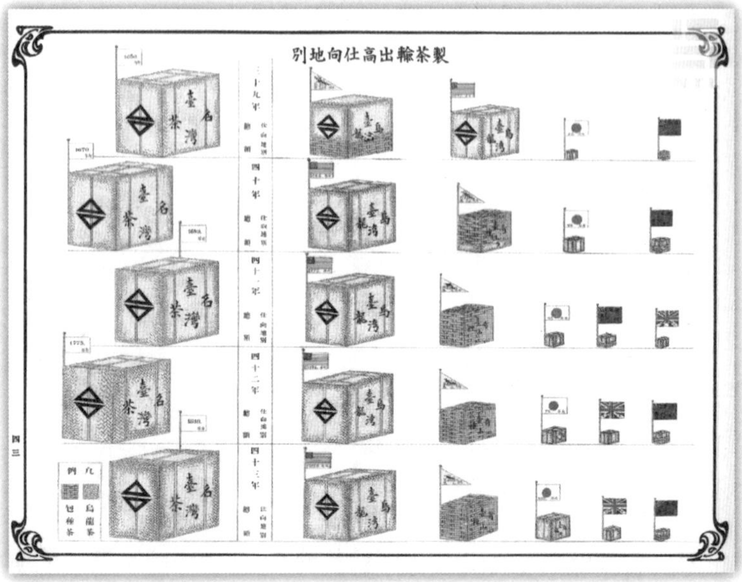

1906年至1910年臺灣包種茶及烏龍茶產量圖，臺灣茶舉世聞名，世界第一。

圖為日東紅茶包裝線上工作的女工。偌大的工場坐滿女工，大家身穿圍裙，認真工作。

女工

的臺北工場進行。

一九三八年，在日東紅茶工作的女工約有三百八十人，多數女工年紀介於十六歲到二十八歲之間，雖然也有年紀稍長的女工，但她們多半在公學校畢業的二八年華就進入工場了。工場有規定的制服，上班時她們紮起頭髮，或是戴著白色的帽子，穿著料理用圍裙，胸前縫著繡有編號的布章，大家圍在生產線上包裝茶葉罐外盒。每天上工前會先排成一列點名，接著才開始一整天的工作。數人聚集在小小的生產線上難免燠熱，因此工作時背後會有好幾台電風扇呼呼吹著，稍稍降溫，也降火氣。

檢茶女工每天的工作時間是早上七點到下午四點，中間的休息時間是早上九點休息二十分鐘，午休時間半小時，下午兩點再有一次二十分鐘的休息，一整天總共可以休息一小時又十分鐘，工作時間固定也一般，不是特別困難或長時間的工作。

待遇方面，日東紅茶會社的女工日薪三十五錢到四十七、八錢不等，如果工作效率高，績效好，月底會有獎金。根據統計，製茶工場女工最高月薪二十五圓，最低月薪八圓，薪水不高，但作為年輕女孩的生活零用金還過得去。日東的經理很驕傲地說，從日東出去的女工，很多都到百貨公司當專櫃小姐。一九三八年，百貨公司售貨員最高薪水五十圓，最低十二圓，就薪資待遇來說，從女工到售貨員，薪水提高了，給人的感覺也時髦許多，日東經理的驕傲口氣，並不是沒有道理。

「有耳無嘴」的臺灣女工

話說回來，臺灣之所以有這麼一批女工，並不是資方一開始的初衷，而是在雇用男性或日本女性之後，認為臺灣女性忍耐力強，能負荷長時間的勞動，即使上夜班隔天一早也不見倦容。再者，臺灣女性較為順從，日本人動輒為了薪資與福利罷工，臺灣人則有強烈的儲蓄觀念，即使薪資低也能服從，一任責罵。再次，臺灣女工多介於十二、三歲至二十歲前後的青春年華，學習力強體力佳，離職多半是因為結婚，自主離職能夠促進工場人員流動。最後，不纏足的臺灣女性活潑敏捷，工作方便。雇主期待的或許是任勞任怨的女工，但看到這份調查分析，心中卻不免因為臺灣女工的「有耳無嘴」，湧上淡淡的心疼。

事實上，作為苦命的帝國殖民地，臺灣的產業結構也和民族有很大的關係，在工場中，技術人員往往是日本人，臺灣人只能以廉價的人力充填下層的勞動空缺，這種工場分工中的民族差異不只在臺灣，在中國的日資企業也一樣。上海、香港和廣東是中國南方最大的都市，外資企業也多，當地的中國勞工多半從事機械工、手工、苦力或傭人的體力工作，其中最多的是紡織工，且同樣以女工居多，和臺灣女工不同的是，她們工資更低，工時更長，工作環境更差。

臺灣的男工與女工之間也存在著同工不同酬的問題，一九二〇年代左派政治團體在推動勞工運動時，曾特別要求改善男女工間同工不同酬的現象。然而，多數的臺灣女工家境並不優渥，這樣特殊的結構與人力背景使得臺灣缺乏勞工運動的基礎，多數勞工禁不起與雇主的長期抗爭，勞工運動一旦走向持久戰，罷工的勞工只得返鄉務農、轉業或投降。因此，即使在工資不高、工作環境尚待改善的勞雇關係下，我們依然看不太到女工集體罷工或長期抗爭，以向雇主爭取更好的待遇和權益。讀到這裡，總讓人忍不住有說不完的心酸與心疼，不知道要說她們太苦命？太認命？還是太韌命？

老實又平凡的女工，最動人

來看一九三一年臺北菸草工場的一份有趣調查：三百一十三名女工中，有三百名是臺灣人，而且絕大多數是臺北人，住在工場附近，這樣趕早上七點上班都來得及；超過一半的人是「媳婦仔」，年齡以介於二十一歲至三十歲者最多，在這裡工作的年資長達十年至十五年者有一百多人，續勤二十年以上的也有七十三人，大家都是老手；不過有一半的女工沒有學歷，公學校畢業的只有三分之一多，從多數人都是在此工作十年至二十年的年資來看，沒有上學不難理解。

至於纏足，超過一半的人（一百六十五人）沒有纏足，只有十六人是小腳女性，其他的是曾經纏過的解足者；二百二十九人已婚，其中一半是「媳婦仔」；家裡經濟多半是受雇階級，從事苦力、工頭、店員、傭人等體力工作，也因如此，絕大多數女工的薪水用於貼補家計；在成為菸草工場女工前，有百分之六十四的人在家中幫手家事，或是公學校畢業後就直接到工場工作，也有三分之一的人從事「女中」或保姆等婦職。

好玩的是，她們認為最理想的典範第一名是孔子，接下來是孔明、明治天皇、一八九五年領軍征臺、逝於臺灣的北白川宮能久親王、曾任臺灣總督、後來因殉明治天皇而自殺的「軍神」乃木希典，以及鄭成功。若問到「當今世上誰是最偉大的人」，她們認為第二名是昭和天皇，第三名是當時的總督石塚英藏，第一名是一位叫做「三松經次」的男子，也就是臺北菸草工場場長。換句話說，對這群女工來說，場長的「偉大」，更勝天皇。

絕大多數女工期待自己成為一個貞淑的女人勝於賢明與有能力。如果能給工場建議，多數人覺得現狀已經很好，但也有一部分女工期待在忘記帶通行證時能夠不要被罵。談到待遇，多數的人滿意現狀，但也有人認為升薪太慢；對於工場設備，有六十七人希望讀書室可以男女分開。

對她們來說，最可怕的時候是暴雨洪水來襲與隔壁鄰居家失火；最辛苦的時候是生活費不足，以及因為生病不得不請假；最有趣的時候是參加六月一日紀念日餘興活動及

看電影；最開心的時刻是領年終獎金，和小孩子聽父母乖乖說教；小孩子頂嘴的時候則最令人生氣；最困擾的時候是加班不得不晚回家、忘記帶通行證而無法工作，以及工作不如預期順利；最希望將來子孫滿堂，有個圓滿的家庭生活。

年長的女工休閒時最愛裁縫、散步、看戲和刺繡，年輕女工則喜歡看電影、聽唱片收音機和打乒乓球。問到希望工場能夠月休幾日時，大家壓倒性地選擇「四日」，不過選項只有「二日」和「四日」，大家老實地選「四日」，相當合乎人性。

看到了嗎？女工很像我們的隔壁鄰居，她們多半住在工場附近，

除了茶葉與菸草，臺灣還有許多產業仰賴女工的付出，圖為肥皂工場中正在包裝肥皂的女工。

茶葉是臺灣最主要的外銷產品。

無論是工作時或下班後，一輩子都走不出住家附近的方圓窄地也不要緊，她們學歷不高卻認命樂觀，即使薪水不高仍然默默工作，期待有天調升薪水的好運可以降臨到自己頭上，最擔心的是鄰居失火，只要能去看一場電影或演劇就是最好的休息，希望孩子們能夠乖巧聽話，出人頭地。她們很老實，很平凡，卻很動人。

這就是臺灣的女工，不只是菸草工場女工如此，製茶女工如此，縫紉工場女工也是如此，她們做著月薪最高三十五圓，最低九圓的勞力工作，但她們不抱怨，火柴工場的女工同樣日復一日做著火柴。

一九三二年，臺北爆竹會社女工因被雇主要求提高產能卻沒有隨之提漲工資而短暫興起罷工事件，但很快地就平息下來，這才讓人驚曉爆竹工場女工曝身在爆竹火藥的高危險之中，一日工資卻僅僅十七、八錢。要不是這次雇主的無理要求，她們依然日復一日地低頭默默編著連炮，沒人多說什麼。

女工哀史：女工的職業災害

人說女人就是油麻菜籽命，加上傳統女性凡事忍耐的堅毅性格，女工的無言與認命，讓人差點就忘了她們也有職業傷害。

日治時代的萬華和大稻埕是臺灣人集居的市街，由於工場需要臺灣人從事勞力活，加上這裡又有港口，交通方便，萬華一帶因之聚集了很多小型家庭工場。一九〇二年臺北艋舺蓮花街的火柴製造工場發生火警，兩名女工和一名男童重傷，火勢延燒到隔壁的紙箱工場，大家紛紛逃命時，工場有一百六十名女工因為纏足而難逃火場。一九一三年大龍峒的爆竹煙火製造工場發生爆竹爆炸的工安意外，兩名女工當場死亡。只要上工的日子，不知道有多少女工每天出門前的心願，就只是簡單的「快快樂樂出門，平平安安回家」。

一位日本人寫下描寫鳳梨工場女工的短歌：「噪音不絕於耳，站在一起的女工，如同影子畫一樣地移動。」各種金屬裁切的聲音，讓鳳梨工場的環境總是充滿高分貝的尖銳噪音，苦力與女工在微暗的廠房裡汗水淋漓地辛勤工作。不只是鳳梨工場，一九四二年發表的調查研究顯示，紡織工場的女工雖然對於低音頻的聲音沒有障礙，但高音聽力卻顯著受損，即使仍保有百分之八十的聽力，但工場年資五年左右的女工，聽力已經明顯出現問題。製線工場的女工也因工作環境飄散棉絮再加上通風不良，產生結核病問題，其他長期坐著工作的女工難免也有肌肉痠痛和坐骨神經痛的毛病。同一時期在中國，日資紡織工場的女工們在高溫下工作，中午用餐時間僅休息三十分鐘，每天工作十二小時以上，長期站立工作造成女工普遍都有腳水腫問題。一部女工哀史，不分國籍。

＊＊＊

女工有兩種，去工場上班和家庭手工。從事家庭手工的女工因為擁有一技之長，相對自由、自主、自信許多，賺的錢也多；相對之下，工場女工就顯得有些辛苦，有些沉默，樂天知命中帶點無奈。

但是，她們總是不說那些辛苦，她們很堅強，就像鄰家那個犧牲自己，成全一家的阿姨大姊。女工不哀，如果說「女工能撐半邊天」，她們沒有學歷，沒有背景，女工們撐起天地最大的本錢，唯忍耐而已。

歡迎光臨：

百貨店店員

「歡迎光臨！」
「喂，小姐，我想請問……」
「是，請您稍等一下，我馬上就過去！」
「這是您的收據，謝謝光臨！」

女店員，當然不只百貨店有，但是能像百貨店這樣受人注目的，可就沒有囉！

什麼都有，什麼都賣：百貨店

一百年前的今天，還沒有什麼人知道百貨公司是何方神聖，商店裡的售貨員也以男性居多，女孩子即使立志就業，志願卡上也不會有「女店員」這個選項。不過，交通條件的改善確實改變了很多事，不只拉近了遠地之間的距離，城鄉之間的差距，還把百貨店拉進了臺灣的大都市裡，拉到民眾身邊。

百貨公司在當時稱為「百貨店」或「デパートメント　ストア」（department store），簡稱「デパート」。根據一九三七年日本首次制定的〈百貨店法〉，所謂的「百貨店」，必須是在同一店鋪的賣場裡，同時販售有關食衣住行等多種類商品的零售

業，同時賣場面積必須在三千平方公尺以上，賣場外的其他地區也必須超過一千五百平方公尺。這種以多樓層、大型店面的方式陳列各種商品的銷售模式，在當時是十分先進的展售法。

西方世界在十九世紀中葉出現百貨公司，日本第一家百貨公司則是「三越百貨店」，也就是現在的三越百貨，後來「白木屋」、「松坂屋」、「大丸」、「高島屋」、「松屋」也陸陸續續開張，「百貨店」成為民眾耳熟能詳的詞彙，白木屋百貨店現在雖然已經不在了，但它的創業故事，當年一度是一九二〇年代臺灣中等教科《國語讀本》課文之一。

一九三〇年代：臺灣百貨業的戰國時代

儘管〈百貨店法〉明確規定百貨店的定義，但在制定〈百貨店法〉的一九三七年以前，臺灣早就已經有百貨公司了。回到日治時代的臺灣來看看，第一家百貨公司是創業於一九三二年九月的臺北市菊元百貨，它是一棟七層樓的建築，每層樓都販售不同的商品。在當時的臺北市，七層樓可是了不起的摩天大樓，附近的地標臺灣總督府也不過五層樓而已。

最引人注目的是，菊元擁有一座電梯，這座電梯顯然成功吸引了大家的目光。菊元開幕後，天天都湧進大量的人潮，人人都想體驗一下不用爬樓梯就可以輕鬆抵達高樓層的科技感。當時有詩句寫著「摩天樓閣盛舖張，舉世風行百貨商。卻笑儂家非顧客，也隨人去坐流廊。」詩人寫的，正是菊元百貨店與它的電梯。

一九三二年的臺灣，最新話題就是能搭電梯的百貨公司菊元，但也是這年九月，關東大地震造成了三越百貨總店位於丸之內的別館起火焚燬，日本橋白木屋百貨店也因地震發生大火，造成多人死傷，公共場所的安全問題成為東京民眾討論不絕的話題。

半年後的一九三三年春天，臺南市也開了林（ハヤシ）百貨店。林百貨店是六層樓的嶄新建築，位在有「臺南銀座」之稱的末廣町，一開張即成為臺南銀座必去景點之一，臺南市民不買東西也得去看看。一九三七年某位公學校六年級學生，回憶起五年級時的某天，坐在椅子上抽菸的爸爸突然說下午要帶他出去玩，「去哪裡？」「你猜猜看！」「林百貨店！」林百貨店開張後四年，仍然是一個小學生心中最棒的遊樂景點。

一九三八年，高雄吉井百貨店在最熱鬧的鹽埕町開幕，五層樓的建築雖然不比臺北菊元百貨的七層樓、臺南林百貨的六層樓高，但吉井百貨占地五百坪，其中兩百坪是百貨公司建地，已是全臺占地最大的百貨公司，不僅具備百貨公司的功能，店內還設有高雄鐵道案內所及日本旅行協會案內所，提供顧客旅遊諮詢服務，設備齊全。

吉井百貨店廣告。高雄吉井百貨店雖然晚於臺北的菊元百貨店與臺南的林百貨店，但不僅建築雄偉，設備及功能也齊全。

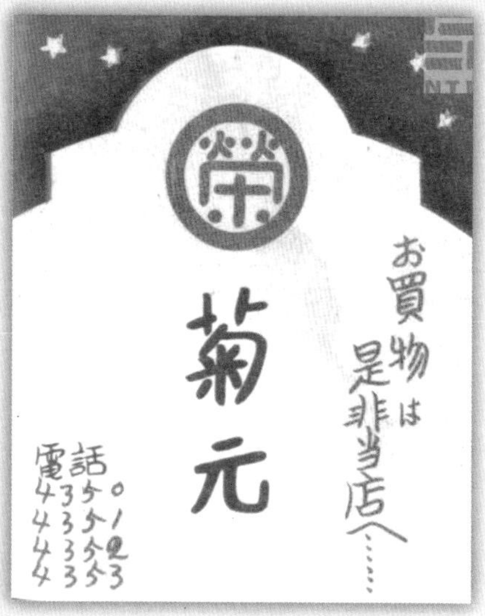

菊元百貨店廣告。菊元是臺灣第一家大型百貨店，店內的電梯更是人氣地標，人人爭睹。

臺南林百貨店雖稍晚於菊元開幕，仍是臺南一帶最熱門的景點之一。

除了百貨公司，當時還有一種所謂的「百貨店」，店鋪面積或營業規模介於一般零售商和百貨公司之間，和一般零售商有點像，但因為同樣是單一店鋪同時販售多品項商品，特別是舶來品，因此也常常命名為某某百貨店。有時也會以連鎖店的型態經營，像是明治製菓株式會社總店在日本東京京橋，銀座、臺北都設有分店。

因為不需要大型百貨公司那樣龐大的經營成本，這種臺灣本地土生土長、規模較小的百貨店到處林立，臺中有吉本百貨店、高雄有日丸屋百貨店，就連馬公也有合名百貨店。這類百貨店多於一九三〇年代創立，所以一九三〇年代不僅是戰場年代，也是百貨業的戰國時代。

青春無敵：店員的甄選與條件

如果你同意一九三〇年代是百貨業的戰國時代，那女店員就是出入百貨沙場的英雌！臺北竹枝詞寫下：「兒女紛紛向菊元，後來松井亦名喧。內臺經濟成優劣，似此前途不可言。」前途妙不可言的何止百貨業，百貨店值得光顧，裡頭的女店員更值得一顧。

百貨店和其他零售商最不一樣的地方之一，在於需要大量的人力來維持營運，其中最重要的莫過於左右店面繁榮與否的銷售人才，她們才是百貨店的主要戰力。有了女店員，百貨公司已經不只是買東西的消費場所，而是一種娛樂地標，因此怎樣的人得以成為百貨公司的活招牌，相形之下就十分重要。

全世界第一間百貨公司據稱是法國巴黎的樂蓬馬歇百貨公司（Le Bon Marché），一八五二年創立時僅有十二名店員，隨著業績蒸蒸日上，一八七七年已經聘用將近一千八百名店員，一八八二年提升至兩千五百人，一九〇六年更是激增至四千五百名。只是，當它在兩千五百人的聘用規模時，女店員僅有一百五十二人，而且幾乎都配置為賣場售貨員。不需要這麼多女店員，和當時認為若買賣兩端皆為同性較適當的觀念有關。雖然聘用的女店員不多，但樂蓬馬歇百貨公司的聘用條件可是非常嚴格，不僅要具備識字、算術能力，還要有一年以上工作經驗且未滿三十歲，並有介紹人。

日本三越百貨公司在應徵女店員時，則開出女性需「十八歲以上，二十五歲以下，小學畢業者，居住在市內」的條件。收到履歷後擇優通知面試。面試時，面試委員先觀察求職者的容貌與風采，接著才提出問題。對女店員來說，長相有沒有人緣是很重要的，如果風采貧弱，外表看來不健康，容貌特醜，或是應答總是文不對題，面試時就會被淘汰掉。面試時可能出現的問題範圍極廣，除了基本的身家背景、學經歷之外，舉凡希望待遇、宗教信仰、個性適合怎樣的工作都是考題，甚至連「家中親戚誰的職業與地位最高」、「平常讀什麼雜誌？做什麼運動？」或是「外語能力如何」，都在預選題庫中。

筆試測驗的部分，能開收據是考題之一，畢竟這是女店員最重要的工作之一，能正確無誤地寫出顧客姓名漢字、購買商品品名與價格，才算過關。

一九三二年，滿洲國在東北成立，位於奉天的「滿蒙毛織百貨店」也於八月開張。開幕前的七月份，他們招募三十名女店員，條件是高女畢業且二十三歲以下的年輕女性，而且因為滿洲國屬於北國氣候，應徵者除了身體健康之外，還要能耐寒。徵女店員的條件一出，東京飯田町的職業介紹所湧進三百名女性應徵，一時戰況激烈，連帶讓無法應徵的男性意氣消沉。

面子裡子都風光：店員的待遇

女孩們之所以熱烈應徵，原因在於到東北奮鬥個三年，就可以存得一千圓，大約和今天許多人願意大舉西進，想拿「時間換取金錢」的想法差不多。

不過面試完還得筆試，問題是「為什麼希望到滿洲？」，答案從務實型的「這是能實現個人志望的大好機會」，到「畢竟在本國工作難找……」的老實型都有。至於被問到「希望在滿洲永住嗎？」大多數人都回答「希望」，也不知道真的假的，畢竟這是面試，不是真心話大冒險。

臺灣的女店員也有臺灣在地的特殊性。受限於語言能力與學歷，當時很多工作都是日本女性多於臺灣女性，但重視市場的服務業就不一樣了，畢竟消費者如果以臺灣人居多的話，臺灣女性的機會就來了。像是月薪約三、四十圓的百貨店小姐，絕大多數都是臺灣女孩，一九三〇年的調查結果裡，從事「店員、賣子（特別指在商店、百貨公司或車站以販售商品為業者）」的女性為七百一十七人，其中日本人僅有一百二十七人，臺灣人卻高達五百七十二人，另有十七位外籍店員。

有份報導提到，在日本三越百貨公司，小學校畢業的店員待遇起薪是一天一圓二十錢，如果是女學校畢業的，就支付一天一圓五十錢的薪水，如果再加上其他的業績獎金或津貼的話，普通女店員的月薪少說也有五十圓，而且女店員們平常也沒有特別的飲食大開銷，其收入不但足以維持生活衣食無虞，甚至還能存點錢，辛苦個三、四年，就可以風風光光地結婚去。

在臺灣，臺北市百貨公司店員月薪約在五十圓至十二圓之間，雖然高於一般商店員的三十圓至五圓之間，但比起菸草女工的四十圓到十二圓，只不過多了十圓左右，略略高於車掌的四十五圓至二十七圓。不過，女店員有個好處是其他職業沒有的，那就是買東西有九折優惠，無論是服飾或化妝品都比較便宜，算是小小的福利。

眼看心花開：百貨店員印象

一九三一年，《臺灣日日新報》上刊載著一幅名叫「尖端東京檔案　百貨公司小姐」的漫畫：兩個穿西服的戴帽男性開心地蹬上階梯，百貨公司女郎燙著一頭摩登短髮，搽著口紅，穿著合身的無袖洋裝，艷麗地望向一旁。圖旁注解：「百貨店從業員，已經完全被娘子軍占領了。各賣場店員、電梯、餐廳、導引人等等。這樣的婦人職業戰線正在擴大中，固守在各百貨店賣場的無數女子，比什麼都年輕美麗。百貨店真是都市裡的綠洲呀！」簡單的漫畫，描繪出百貨店女店員的青春氣息。

臺灣的百貨店也不差。一九三九年，一位名叫霞中生男的男性在夜間九點逛到菊元百貨店前，在路口看到一位美人，正想著「臺北竟然也有這麼漂亮的小姐」時，轉頭發現美女們「正像裊裊炊煙從煙囪不絕冒出一般」地從菊元百貨店信步走出。仔細一看，大家都穿著同樣的服裝，「該不會是菊元的制服吧？」他驚訝地想著：「我每個禮拜來逛菊元兩、三次，竟然都沒有發現菊元有這麼多漂亮的女店員！大概是我只注意著商品吧？」他忍不住走進菊元瞧瞧，打算這次要好好來看看店員們！

大概是為了突顯商品吧？霞中生男心想。女店員們都薄施脂粉，盡量避免濃妝艷抹搶走了商品的風采，或讓顧客分心。但她們本身亮麗的外表卻掩藏不住，再加上這樣淡淡的妝容淺淺妝點，讓她們一旦離開了商品，走入街頭，立刻奪走街頭民眾的目光。

走進菊元的大門，霞中生男立刻注意到門右方站著一位女店員，用親切暖膩的語氣，對著什麼也不買只是來逛逛的他喊著：「歡迎光臨！」這「門番」小姐不是菊元的門面嗎？外表仍然像個女學生一般，機械式地歡迎客人，嗯，不太出色。（好失禮！）霞中生男的眼睛沒有在她身上停留多久，就開始轉頭搜尋著美麗的店員們。（這更失禮了！）

霞中生男就這樣逛起了菊元：左方的兩位美人看來好像姊妹，兩人都好漂亮。越過她們兩位，望向化妝品部，那裡的女店員雖然皮膚稍黑，但看上去是個非常健康的美人。還有一位女店員，聽她與客

林百貨店店員。什麼都賣的百貨賣場是日治時期新式的銷售型態，百貨店裡年輕貌美的店員也成為招徠顧客消費的策略之一。

人對答的語氣，年紀輕輕但說話的口吻卻很成熟，真不簡單。再看過去一點，糕點部的那位小姐簡直就像荒原裡的一朵玫瑰那麼脫俗，可惜啊可惜，臉上的那顆痣太殺風景了……

鞋部的店員長得好像電影明星江川直美呀，一聊之下，本人好像也這麼覺得，真是有意思。再走到領帶部，這裡也有講起話來吳儂軟語的圓臉美人，即使什麼也沒買，她也是甜甜地對著我打招呼，眼底充滿笑意。在她的勸說之下，本來不打算花錢的，竟然還是掏出荷包，買了一條平常不需要的領帶，哎呀，花了兩圓五十錢呢……

東西買了，得離開了，雖然很喜歡這位女店員，但也沒辦法厚著臉皮繼續賴著，只好依依不捨地走上三樓。三樓賣的是女人的和服，心臟再怎麼強也不好意思在這裡閒逛，算了，直接上四樓吧！

四樓的美人更多了，數也數不盡，手帕賣場那位二十二、三歲的佳齡小姐，帶有一點電影明星入江貴子的氣質，毛毯賣場的小姐雖然看起來心地很壞的樣子，事實上卻是有著柔順個性的勾人美女。女裝部的美人表情總是似笑不笑的，但一笑起來，臉頰上就出現淺淺的酒窩，可惜有點小小的青春痘，不過不影響她讓人喜愛的神情，真可愛！

五樓是食堂。六樓的玩具部只有一位女店員，看上去好寂寞的樣子。頂樓的七樓也只有一人。最後，電梯小姐也不能放過，我從六樓開始總共搭了三次電梯，以便好好端詳她的長相。嗯……很像影星泉清子，不過又比泉清子來得更年輕美麗些，而且她不只擁有外在美，電梯滿載時，即使大家忙著進出，根本沒人在聽她說話，她還是很認真地說著「電梯滿載了，請搭下一班！」，很是勤奮。電梯第三次升上六樓時，她和另一位電梯小姐交班了，新的電梯小姐比她略矮，看起來也比較年輕，但長相同樣不差，可惜襪子只拉到一半，一動起來就不好看。

逛完了各樓層的美女，我就這樣在美人們「謝謝光臨！」的歡送聲中，像個凱旋將軍般地走出菊元了。再待下去，不知道會在美女們的輕柔語調中殺了多少荷包啊！

這是霞中生男的「菊元一日遊記」。透過霞中生男的眼睛，好像走了一遍菊元百貨店，每一層樓的女店員人人是美人，個個都有明星臉，要看電影明星何必到電影院，去

菊元百貨店廣告。無論男女老幼，無論喜歡穿和服或洋服，菊元都能滿足您的消費需求！除了女店員之外，百貨店經常大手筆地打廣告。

菊元走一遭，就像逛過了電影片場！

話說回來，霞中生男的經驗，雖然看起來只是一場獵艷般的感官遊戲，卻讓我們彷彿回到一九三〇年代的臺北，親眼見到女店員們正在工作的樣子。原來她們上班要穿制服，而且打美女牌刺激購買欲的銷售策略一定程度奏效了，當年在女店員們的嬌聲中不知不覺掏出錢包的男性顧客，肯定不只霞中生男一人。

廉價策略＋美女牌：百貨公司吸客必殺技

現在我們一想到百貨公司，除了品項豐富，購物環境佳，一定不免想到價格高不可攀，但日治時期的臺灣人想法剛好相反，因為百貨公司誕生後主打廉價策略，相中中產階級客群，有時甚至價格比零售商還低。再者，日治時期商場上常有殺價的習慣，價格殺低了，銀貨兩訖了，卻殺傷了銀貨兩端的感情，百貨店的商品都標有價格，全是不二價，省去殺價的繁瑣問題，價錢公開的優點深植人心。

百貨公司不只以低廉的利潤吸引消費者，更瞄準零售商普遍態度不佳的問題進攻，他們的銷售王牌之一，就是打出美女牌，並標榜禮貌服務。簡單來說，女店員就是百貨公司吸引人潮的指標性裝置，導致百貨公司初登場就引起零售商的恐慌，當時有人呼籲零售商應該團結起來對抗百貨公司，並改善店員的服務態度。良好的服務態度本來就是從商的王道，誰能想到百貨公司裡服務態度讓人「茫酥酥」的女店員，竟然會成為日治時期商業環境改善的推手之一。

不過，女店員看女店員的角度又不一樣囉。一九三八年的一次訪問中，記者詢問從明治製菓東京本店來臺工作的兩位日本女性對臺灣女店員的看法，兩位女店員都異口同聲地說，與其說臺灣的女店員工作態度不好，倒不如說是臺灣的工作氣氛比較閒散，感覺上女店員們總懷有「反正賣的不是我的東西」的為人作嫁心態，因此當客人沒有購買慾望時，她們比較缺乏主動推銷的積極心。她們說，「商品販售如果不以讓顧客產生再度上門購買的想法為工作目標的話，是不行的喔！」換句話說，女店員銷售的不只是商品，更是服務，「我自己是顧客去買東西時，最注重店員的服務品質，這是商業的根本呢！」果然是內行看門道，外行看熱鬧，女店員一出手，就知有沒有。

休與羞：女店員的工作與煩惱

法國樂蓬馬歇百貨公司的女店員每天工作十三個小時，每月底薪五十法郎，再加上業績抽成，大約有一百六十至一百七十五法郎左右的收入，但因為每天站立工作的時間極長，每個月的收入幾乎都必須拿去買一雙耐久站的鞋子，而且上班時間聊會被扣薪水，一旦被扣薪水，工作就沒勁了。

臺灣的百貨店女店員無奈的不是這些，而是休假時間與人不同。不用說，女店員的工作時間跟著百貨店的營業時間而定，比起其他工作，女店員比較不同的是沒有星期假日的固定休假，同樣是女性上班族，從百貨店的櫥窗看出去，看到路上人來人往，總督府、官廳、公司行號的女職員在星期天相約看電影、逛街，自己還得上班，總有說不出的悲涼。

另外，剛剛開始上班的時候，任誰也沒辦法馬上就大器地和客人推銷商品。某位在菊元百貨服務的女店員回憶起當年剛入行時，非常不好意思，「尤其被熟人看到了，更是害羞到不行！客人問我話的時候，我總是沒辦法回答出讓客人滿意的答案」，害羞到說不出話來的她，一整天站下來真是辛苦。

但隨著工作日久，不但能與客人應答如流，甚至熟能生巧，光從客人的表情與眼神就能猜測到客人需要什麼，最有成就感的則是交易完成，將商品交到客人手上的那一刻！基本上，女店員對自己在客人與商品間所扮演的仲介角色相當有自覺，大家都不斷強調對工作的認同感與重要性，勉力工作。

百貨店有淡旺季之分，臺灣現在已經沒有非送禮不可的節慶了，不過近百年前的臺灣社會還是有送禮的季節，一般來說是中元和歲暮年終，這是百貨店主打的銷售旺季，

歲末大拍賣。百貨店廣告盡可能地主打愉悅歡樂的消費氣氛，特別是年節送禮時刻，更是百貨業的旺季之一。

也是女店員工作最忙碌的時候，儘管有臨時店員幫忙，仍舊忙不過來。不過只要主管鼓勵一句：「今天也很認真工作喔！」女店員們就能獲得最大的滿足感，「那種滿足感，真是言語難以形容！」某位女店員下班後走在回家的路上，想起今天主管的誇獎，還是喜孜孜地形於色。

工作中難道沒有討厭或壓力大的事情嗎？當然有。某位女店員說，最怕遇到的就是媽媽帶著手髒的小孩來到賣場，小孩的手不斷在商品上亂摸，但顧忌到媽媽就在一旁又不能說什麼；還有主管們隨時隨地來為她們的笑容與服務打分數。

除此之外，上班時腦中也會閃過不少事情，當然偶爾會小小發呆，也會看到出手闊綽的客人兩手提滿戰利品，一下子又想著剛剛那個客人的金額有沒有算錯？上個月的薪水公司是不是少給了？……手腦並用同時打轉，一整天的工作結束後雖然也想讀點書，但是實在太累了，畢竟，「有充足的睡眠，健康活潑，盡可能地提供客人最好的服務，就是我們真正的使命！」

還有還有，女店員們因為長時間在室內與人近距離接觸，如何保養呼吸道的健康，就是她們避免職業傷害的最重要課題。

職場如家庭：女店員的愛情世界

一九三八年的訪問中，記者也詢問了兩位日本女店員婚姻相關問題。記者問道：「有考慮和同事結婚嗎？」女店員害羞地回答：「我沒有抱持什麼高標準，只要對方能夠了解我的話……」記者繼續問：「人說職場是家庭的延伸，妳有什麼看法呢？」女店員認為是有一些類似之處，比如說客人走進店來，店員立刻送上「歡迎光臨」的親切招呼，場面正如同太太在玄關迎接丈夫下班回家後的樣子，而推薦客人買東西時，不也和在家中端茶給丈夫時說的那聲「請喝茶」有異曲同工之妙嗎？今日社會多為雙薪小家庭，夫妻共同分擔家務已經漸漸成為常態，但在日治時期，女性上班族仍得兼顧家庭勞務，辛勤地忙完職場工作後，還要趕快調整腳步，扮演母親與妻子的稱職角色。然而就整體而言，她們都認為職場的訓練有助於家庭生活。

法國樂蓬馬歇百貨公司女店員的從業年齡約在二十歲至三十歲之間，而對臺灣的女店員來說，儘管有少數女店員婚後仍繼續工作，但結婚似乎確實是女店員職業生命告終的關卡。女店員也坦承，在重視團體生活的百貨店裡工作，結婚之前是職場如家庭，結婚之後卻是家庭變職場，結婚的女人還是必須以家庭為重，幾乎沒有辦法再有餘暇工作。那些因結婚離職的女店員前輩們，牽著自己的孩子走進百貨公司時，懷抱的正像是走進娘家的心情呢。

一九三八年，另一位記者寫道：「百貨店的女店員，正如同東都（東京）白木屋、三越一般，百人一次消失了，不在了。就像百貨店常說的，她們『銷售』給新娘了，換句話說，消失的女店員們，人人都當了新嫁娘了。（好可惜！）百貨店中，一樓賣場總是陳列著美麗的女店員，但是一旦找到新娘的銷售對象，就立刻大量地出貨，賣出之後再陳列出新的女店員，不愧是百貨店。」漂亮的女店員人見人愛，百貨店「新娘大拍賣」的業績，必定也是嚇嚇叫吧？

有鑑於此，百貨店在徵聘女店員時，自然有逐漸年輕化的趨勢，這不只是因為服務業本有「年輕即本錢」的考量，也是因為百貨店深知，女店員一旦結婚就得揮揮衣袖告別工作，年紀較長的女子固然有較多與人應對的社會歷練，但往往在投入大量心力栽培後，沒幾年就得面臨結婚的關卡，百貨公司又得重新走過一次從徵人、訓練到上手的人事流程，漸漸地，百貨店寧可選擇年輕女孩，再給予較長較多的訓練，解決年長女店員從業年資可能無法長久的問題。

女店員多半是未婚女性這件事，對於當時的男性來說是否更添魅力這點不清楚，但可以肯定的是，女店員銷售貨架上的商品時，換取的不只是薪資，還有在結婚之前，那份任誰也不能輕看的自我成就感。

影響與延續

阿嬤說，女孩子不要讀太多書，學歷高，賣相差，讀太多書嫁不出去。

媽媽說，女生一定要有錢有工作，有一技之長才會有自由。

從「萬般皆是命，半點不由人」，到「三分天注定，七分靠打拚」，觀念的轉變就像酒需要時間醞釀、發酵、熟成，時代的轉換讓兩代的女性，對於人生的價值與方向有著極大差異。將近一百年前的臺灣女性在想什麼？把「女性就業」這個今天看來再平凡不過的詞，放回臺灣史的語境中，它的不平凡又在哪裡？

恐懼的男人心

如果過去女人是男人的附屬品，附屬品「翅膀長硬了」，儘管不飛走或飛不走，又怎能不引起男人的恐懼？

日本在明治後期同樣興起一股女人就職熱，當時有人悲觀地憂心職業將為女人帶來弊害。在女性就業大量出現以前，女人被視為生孩子、教育下一代，以及廚房工作的「看家道具」，工作範圍僅限家中，足不出戶，也就不被認定是構成社會的要角。但當女人走出家庭，從事各項職業，有獨立的收入，參與社會活動，她們就不再只能活在男人的背影裡，社會也不能再無視她們了。

女性就業引起男性的多種恐懼裡，首先是就業的競爭。其實，受教育的女性人口遠遠不及男性，受教育的年限也大幅少於男性，無論是人數或條件，女性都不是男性的對手。然而，暫不論產婆、藝姐、女給這些本來就是「男性止步」的職業，日治時期的新興職業中，有些職業本來是男性的天下，後來不僅漸漸傾向雇用女性，有的甚至明言非「女」不行，像是車掌、電話接線生。儘管男性仍占就業人口絕大多數，但過去總是唯唯諾諾的女人，今日竟然可以排除男性，在職場中「獨」當一面，還是讓不少男人不安了起來。

再者，職業造成女人的「墮落」，特別是表現在「女性特質的喪失」及「職業與家庭機能的衝突」上。日治時期有男性擔心女人就業後，整天與男子為伍，將失卻女性本來柔和溫順的嬌滴性情，成為婚姻的絆腳石；或是工作時與人過度往來，減損了女性的羞恥心；工作也可能使女性變得粗野無文，傷害了人妻的本質；至於對品行的影響，更是職業傷害之一。有人甚至認為，女人工作時與男性朝夕相處，無羞恥心、缺乏定力者恐怕會受到輕薄男子甜言蜜語的動搖而做出違反善良美俗的壞事，因此要特別注意保全自己的貞操，「貞操雖然絕不是只有女性才有的道德，但女性畢竟與男性不同，不得不說其人的光榮、希望、光明、幸福，都繫在其之上」，萬一傷害了貞操，將讓女孩們掉入萬惡的淵藪！

這些疑慮表面上來看是職業對女性造成的「職業病」，但在在回頭說明了男性對於女性不再「女性化」的焦慮，某種程度也表現出男性中心的心態，對於女性就業的態度稍嫌輕慢，甚至有人說出「職業婦女就是低下」的惡話。這種時候，女人除了認真工作以證明自己的能力，若是婚後仍然繼續工作，也會特別留意工作與家庭並重。像是一九三九年，某女性雜誌刊出「職業婦人特輯」，提醒讀者不可或缺的家事訓練，比如說職業婦女也得做到餐餐自己動手做，因為「飯不好吃，料理不行的話，會使丈夫的心情沮喪」，或是「職業婦女不能穿華美的服裝，服裝打扮在結婚後要盡可能不花到家用地選擇樸素的衣服」，凡事還是以家庭為重。無論如何，總是希望能夠洗刷女性就業的惡名，回應了男性要求女性上班族能抱持「家庭中心主義」的期待。

當然，也有人以西方社會發展為借鏡，認為女性就業是社會銳不可當的潮流，力勸男性接受並尊重女性的變化，正面看待女性投入職場後為國家社會帶來的能量與貢獻，如果家庭與職業產生衝突，不該只有女性調整工作，家庭也有改善的必要。

麵包與愛情之爭

說到青年自主，忍不住想到愛情，愛情永遠吸睛，讓人不得不注意。如果你從頭讀到這裡，或者你跳讀了幾種職業，你將隱隱有種感覺，就如同磁鐵相同的兩極怎樣也不

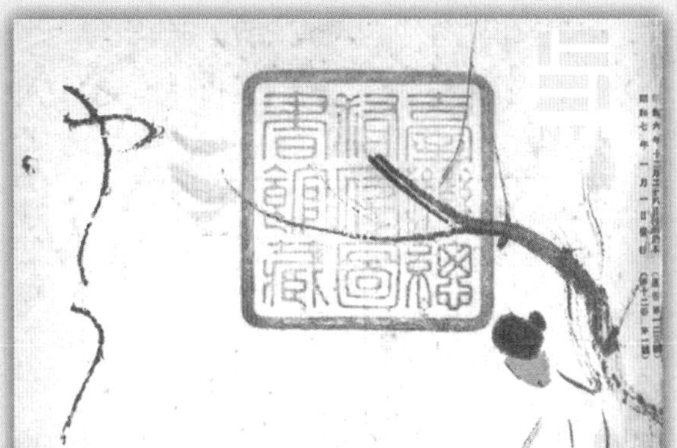

女性的責任。即使女性走出家庭，成為職業婦女，一樣得肩負家務，還得時時留心社會嚴苛的眼光，相當辛苦。

傳統女性被視為家中不可或缺的配置之一，操持家務是她們主要的工作，卻不被認為具有獨立性。

可能相偎相依，「麵包」與「愛情」，「職業」和「婚姻」，正是日治時期粉領族相同的兩極。「結婚」這個關卡卡住了很多東西，其中之一，就是當「職業婦女」選擇轉身走進家庭，婚姻就卡下了「職業」，僅留「婦女」。

但這畢竟只是一個初步的印象。仔細一看，職業與婚姻是否為互斥的兩極，和職業屬性密切相關，而職業屬性，又牽扯著各自的學歷、外表與年紀。

學歷高與低，加減有關係。日治時期的記者就觀察到，無論在日本或臺灣，女學校畢業生在公司、銀行或公所服務的比例較高，而鄉村的小學畢業生則有到紡織、纖維工場就業的傾向。也就是說，學歷影響工作，越是專業的工作，就業之前越需要相對較高的學歷，以及較長的養成時間，也因為這些工作具有高度專業，這些女孩子對於自己的工作時間相對擁有較高的自主性，薪水也較高，足以支撐一家的收入，結婚後不僅沒有辭去工作的必要，甚至有時候還能取代男性作為一家經濟支柱，重要性不讓鬚眉。

例如臺灣第一位女醫師蔡阿信，她就在學成之後自費開設醫院執業，女老師的收入往往也能支持家中經濟。這些女孩子即使結婚了，依然能夠不受家庭羈絆，繼續工作。而且，自主性越高的工作往往社會地位也越高，對她們而言，職業不但不是婚姻的絆腳石，往往還因為她們高社經地位的工作，在談論婚嫁時換來更好更多的選擇。

相反地，越不需要學歷與專業的職業，靠的就是青春亮麗的年輕本錢，自然也就越偏向服務業。青春年華終有褪色時，或是到了一定年齡，「賞味期限」一過，管妳要結不結婚，想不想工作，多數的職場雖然沒強迫，甚至提供升遷制度，但大家也都自動地離開聚光燈，走下舞台，職業生命相對比較短暫，像是車掌、電話接線生、女給這些和歲月比賽的工作，多數的時候，婚姻就是工作的天敵。

再加上這些職業的工作收入畢竟不高，結婚前並非家中主要經濟來源，而是為了貼補家計，或是做為自己的零用開支，在分擔家中經濟來源上並沒有急迫性與必要性，因此她們婚後多半會離開職場成為全職的家庭主婦。婚前的就業經驗，除了提供這些女孩子一份收入，也讓她們養成了其他技能，一切仍然是為了在婚後能夠具有更多的才藝與能力，以成為更為完美的賢妻良母。

好女孩要知道的事

女性就業大軍的出現，雖然某種程度象徵女性地位的上升與女性意識的提高，但如果把它看作今天的程度，那就太超過了。「婚姻」就是最好的指標。

在日本，有人說，夫妻生活有三個危機，三十歲的時候進入戀愛倦怠期，四十歲的時候孩子分去了對彼此的愛意，五十歲的時候擔心物質不充裕。為了將來進入夫家時，在丈夫面前不因物質匱乏而感到羞愧，就得抱持著到一定歲數就會結婚的信念，把握工

女性雜誌。儘管社會對女性的傳統角色期待仍高，但各種女性雜誌的出現，或是雜誌女性特輯的編纂，都說明了女性已是社會不可忽視的社群。

女性如果從事的是自主性與專業性較低的工作，往往在結婚後走入家庭，告別職場，回到傳統婦女的角色。

作的時限和收入，好好存錢。

一九三五年，某女性雜誌問答欄上有一篇來自臺中第一高等女學校學生的提問，女孩說自己喜愛洋裁，在學校也學了不少，將來想以此為業，但是頑固的父親不但不允許她到東京求學，還擅自替她決定了畢業後的婚配對象。「我完全沒有結婚的意思，只想學洋裁，到底是應該選擇乖乖結婚？還是依照自己的興趣就業？」

難道日治時期的女性，沒有人像這位女學生一樣，寧可捨棄婚姻，期待投注時間換取職場成就？或許有，但對當時絕大多數的女孩來說，她們考慮的不是要不要結婚，只有什麼時候結婚的問題，也沒有人問為什麼要結婚。換言之，用不著男人擔心就業女性的婚姻，她們人人心中有一個到了適婚年齡就會狂響的鬧鐘，提醒她們「別忘了結婚喲」，就像瓜果到了季節自然會熟透，女人的時間到了，就結婚了，一切那麼順理成章，無關對錯。

如果結婚是沒有討論餘地的無庸置疑，那如何調和職業與婚姻之間的衝突，就是就業女性的人生大功課。部分職業因為工作時間長，投注心力多，婚配得靠媒妁，像是女店員；有些職業則因為職業本身的特性，導致成為媒談之間的「拒絕往來戶」，像是車掌、女給、藝妲。就業女性對自身的婚姻往往很有自覺，到了適婚年齡，一方面消極期待能在工作中遇到良人，另一方面利用業餘時間積極精進茶道、花道、縫紉等才藝，以便將來在婚姻市場上架時，能讓自己成為質感更好的選項。在那個年代，幾乎沒有人不期待走入婚姻，甚至可以說，積極培養才藝正透露了女性對於成為「剩女」的恐懼，幾乎未曾見有人抱持著不婚主義、自許成為在自己的世界中頂天立地的「勝女」。

無論如何，社會注視女性的眼光依舊是嚴厲的，要做一個好女孩、好女人，就要有很多「我知道」，對就業女性也一樣。一九三八年一份〈職業婦人十戒〉裡的其中幾項是「勿作被罵就立刻生氣的女性」、「勿作表面利巧，搬弄是非的人」、「職場就是人生的學校，經常有比考試更重要的評分」，以及「對於被交付的工作，即使細微之處亦不可輕視」、「失敗時勿躊躇，立刻道歉」、「就算是被使喚，也不盲從不正」等條項，這些應該是職場中人人都要注意的準則與道理，並非限於女性，但從來就只有提醒就業女性，沒有看到提醒「職業男性」的。

結婚以前，這些女孩子既被期待遵守婦德的框架，還要能自力更生，在男性的眼光下小心翼翼；結婚以後，如果仍然得工作，她們也沒有比較輕鬆，除了打點看得見的家務，還要照顧看不見的「男人心」。一九三〇年代，仍有女性提醒大家，結婚之後如果繼續工作，應避免自己的工作收入傷害丈夫的自尊心，像是「這是我的薪水」、「把這些當作我們的存款吧」等話都要盡量少說，無論在家庭內外，女性都要小心翼翼地調整自己的言行，怎樣都不能超越男性。

吳鴻麒在日治時期曾任教師與律師，高知識份子的他曾說，女人一旦結婚了，就是丈夫的良伴，要幫助丈夫的事業，丈夫如果出入咖啡店花天酒地，那麼一定是家庭如同沙漠一般乾燥無味，妻子須負一半的責任。有人用「世界上有一半是女人」來強調女性的重要性，但日治時代的女人會跟你說，她們的世界裡，女生和男生的比重，最多只能是四十九對五十一。

順帶一提，女性就業的辛苦，不只得和男人比，如果再論及職場裡的日本女性和臺灣女性捉對廝殺，臺灣女性還真是辛苦中的辛苦，因為多數職業要求求職女性必須具有日語能力，所以她們還必須遷就環境、培養日文能力。反觀日本人，一九二〇年在臺日人中只有大約一成多的人能聽說臺語，而日本女性中，除了生活中比較常接觸臺灣人的，或是少數嫁給臺灣郎的日本女性能說臺語外，多數都不會臺語。雖然我們可以看到日治時期臺灣巨富李春生的孫子李延禧的夫人臺語講得非常好，畫家楊三郎的大嫂也很會講臺語，但她們都是極少數的特例。

語言就是競爭力，能說「幾國語言」就有多少競爭力的求職準則並非今天才開始，但在學會「多國語言」之前，臺灣就業女性的辛酸又有幾人知呢？

走在尖端：時尚的指標

女為悅己者容，日治時期，女也為工作而容。

在日本，制服是明治維新以後的新產物，在看過西方世界的運作後，制服被引進日本，除了是配合某些特定職業的需要，警察、郵務士、鐵道員、學生都陸續穿上制服，為的是展現權威感、專業性和一體感。

在臺灣，清治時期大概只有官員的官服稱得上正式的制服，除此之外，絕大多數的工作沒有穿制服的概念與必要。但是到了日治時期，受到日本的影響，有些職業也需要穿上制服，像護士、部分女店員或車掌。在一些訪談中，當年的粉領族也談到了制服帶來的認同感與榮譽心。

制服帶給女孩們的不只是心理感受，還有一點點走在流行前端的可能，部分職業剪裁合身、風格洋化的制服，甚至成為時代的新特色。在日本，隨著就業女性增多，各種不同屬性的職業有不同的穿著，像是汽車或電車車掌、電梯小姐、女記者慣穿洋服，公司女職員、工場女工、電話接線生都各有不同的專業服裝。現在看起來，穿上套裝、腳踏高跟鞋已經是日本上班族的基本配備，但別忘了，當時絕大多數的日本婦女都是穿和服的，能穿制服工作，多麼與眾不同！這種「摩登女孩」（modern girl）的形象，隨著交通建設與道路的普及，就像海浪般一波波由都市向鄉村打出去，連帶帶動了日本女人的流行。臺灣也剛好趕上這股潮流，穿上制服，就穿上了時尚感。

至於那些本身即在追求美感的職業就更不用說了，像是女給，時時注意流行趨勢算是她們的職業道德，越是「認真工作」的就越注重摩登，反觀藝妲雖然也是一種重視「賣相」的工作，但早期強調的是才藝雙全的「臺灣味」，在女給的強勢壓境下，藝妲

女性上班族經常走在流行的尖端，不只是職業所需，擁有獨立的收入，具有自主的消費力也是原因之一。圖為標榜西方流行元素的服裝廣告。

才開始轉型走流行風，從髮型、化妝到服裝，呈現「臺西合璧」、「土洋交雜」的特殊風味，甚至不惜從上海等流行集散地聘請老師或化妝師來臺傳授，或為她們化妝。在當時，一定有不少臺灣女人邊罵藝姐女給如何勾引老公、破壞家庭，一邊又偷偷地學習她們的「易容術」，好留住丈夫的心。

跨越時代的美麗身影：從日治到戰後

認真的女人最美麗，就業女性的美麗身影跨越時代來到戰後，很多除了是延續自戰爭末期的就業人口，日治時期養成的教育條件、工作能力，以及女人本身不輸給男人的能力與堅毅，都是讓她們在戰後持續美麗的主因之一。像是臺灣第一位女醫師蔡阿信，雖然戰後沒多久就離開臺灣，但無論她人在哪裡，都持續精進醫術，持手術刀的手，沒有一天鬆懈過。

又如謝娥，日治時期曾任職於臺北帝國大學醫學部第一外科，戰後除了具備醫師身分外，還曾當選國大代表和立法委員。說到女醫師，自然不能忘記「嘉義媽祖婆」許世賢，臺灣第一位女博士（即使就日治時期的日本來說，她也是第三位），擁有九州帝國大學醫學博士的傲人學歷，戰後當選嘉義市參議以及候補制憲國大代表，後來連任多屆省議員，還當過嘉義市長，問政犀利的省議會「五龍一鳳」其中之一就是她。

蔡阿信、謝娥、許世賢，三人都是醫師，戰前即已執業，備受地方或社會認可，戰後的表現也有目共睹。除了這三位跨越時代的名女人，還有太多太多叫不出名字的女人，在戰後繼續從事產婆、教師、護士等工作，也有為數眾多的女工們，各自在工作崗位上默默努力。戰後臺灣的經濟能從戰爭末期的元氣大傷中迅速復原，就業女性的貢獻不能不提。

日治時期的臺灣女人去上班，原本是「半推半就」的，一半力量來自市場、教育等外在條件的配合，是為「半推」，另一半的「半就」則來自女性自主意識的提升和就業意願的提高，即使在社會對女性仍然不夠寬容友善的歷史背景中，這些女孩子仍願不倦不怠，孜孜矻矻。

有人說，女性就業僅是歷史的巧合，只是分食男性就業市場剩下的大餅，也不代表女人的能力強於男性。不過，這麼多條件在這個時間點聚合起來，內外兼備地將這一小塊餅做大，也得具有相當程度的歷史必然性。而且，這群活躍於日治時期的女人在意的從來也不是她們到底有沒有比男人強，就算多數女性只能在走入婚姻之前先一步走出職場，就業的那幾年時光，也不啻是婚前一段亮麗精彩而自主的人生。

但這一切，她們往往不自知。當你在歷史中相逢她們疑惑的眼神，請記得用肯定不疑的表情和她們說：「就是妳，歷史片影中的女強人！」

主要參考書目

半推半就：走出家庭，走入社會

張人傑，《臺灣社會生活史——休閒遊憩、日常生活與現代性》，臺北：稻鄉，2006年5月，頁88-89。

臺灣總督府民政局學務課，《臺灣總督府學事第八年報》，臺北：臺灣總督府民政局學務課，1912年。

臨時臺灣戶口調查部，《臨時臺灣戶口調查記述報文》，臺北：臨時臺灣戶口調查部，1908年。

臺灣總督府官房臨時國勢調查部，《第一回臺灣國勢調查記述報文》，臺北：臺灣總督府官房臨時國勢調查部，1924年2月。

鄭秀美，〈日治時期臺灣婦女的勞動群相（1895-1937）〉，國立成功大學歷史研究所碩士論文，2007年。

舉手之勞：車掌

森重秋陽，《臺灣交通小史》，臺北：臺灣交通協會，1943年3月。

林楠顯，《臺灣汽車客運公司之營運沿革》，南投：臺灣省文獻委員會，1999年6月。

請多指教：老師

新井淑子，《植民地台湾における高等女学校出身の女教師の実態と意識ーアンケートとインタビューー調查資料》，平成7-9年度科學研究費補助金研究成果報告書，1998年3月。

游鑑明，〈日據時期公學校女教師的搖籃：臺北第三高等女學校（1897-1945）〉，《臺灣光復初期歷史》，臺北：中央研究院中山人文社會科學研究所，1993年11月，頁365-435。

李園會，《日據時期臺灣師範教育制度》，臺北：國立編譯館，1997年10月。

請問幾番：電話接線生

藤井恭敬，《臺灣郵政史》，臺北：臺灣總督府通信局，1918年2月。

臺灣總督府交通局遞信部，《臺灣の通信》，臺北：臺灣總督府交通局遞信部，1935年10月。

一臂之力：產婆

片岡巖，《臺灣風俗誌》，臺北：臺灣日日新報社，1921年2月。

臺灣總督府民政部，《臺灣衛生概要》，臺北：臺灣總督府民政部，1913年。

洪有錫，《先生媽、產婆與婦產科醫師》，臺北：前衛，2002年。

陳萬，《臺灣產婆試驗問題解答集》，臺北：陳萬，1940年。

出生入死：護士

李南錦，〈国家と家庭と女性：日・韓近代文学における看護婦表象と良妻賢母思想〉，《大学院教育改革支援プログラム「日本文化研究の国際的情報伝達スキルの育成」活動報告書》，東京：お茶の水女子大，2009年3月。

臺灣總督府民政部，《臺灣衛生概要》，臺北：臺灣總督府民政部，1913年。
佐藤會哲，《臺灣衛生年鑑》，臺北：臺衛新報社，1932年9月。

人客來坐：藝妲與女給

邱旭伶，《台灣藝妲風華》，臺北：玉山社，1999年4月。
柯瑞明，《臺灣風月》，臺北：自立晚報，1991年11月。
廖怡錚，《女給時代：1930年代臺灣的珈琲店文化》，臺北：遠足文化，2012年9月。

敲打歲月：女事務員

名倉喜作，《臺灣銀行四十年誌》，東京：大日本印刷，1939年。
安田善八郎，〈女子事務員は役に立つか立たぬ乎〉，《實業之臺灣》第十三號，臺北：實業之臺灣社，出版年不詳。
李為楨，《殖產興業，臺灣土銀》，臺北：臺灣博物館，2009年。

不留一手：女工

鄭秀美，〈日治時期臺灣婦女的勞動群相（1895-1937）〉，國立成功大學歷史研究所碩士論文，2007年。
臺灣總督府殖產局，《第十五次臺灣商工統計》，臺北：臺灣總督府殖產局，1937年。

臺灣總督府殖產局，《臺灣商工統計》，臺北：臺灣總督府殖產局商工課，1926年。

臺灣總督府官房臨時國勢調查部，《第一回臺灣國勢調查記述報文》，臺北：臺灣總督府官房臨時國勢調查部，1924年2月。

歡迎光臨：百貨店店員

二宮儀之助，《林方一追想錄》，臺南：栗山新造，1933年。

鐵腕生，〈百貨店に押され勝な小賣商店の進むべき道〉，《臺灣公論》第一卷第五號，臺北：臺灣公論社，1936年5月，頁13。

霞中生男，〈島都百貨店菊元漫步記（一）〉，《臺灣藝術新報》第五卷第一號，臺北：臺灣藝術新報社，1939年1月。

霞中生男，〈島都百貨店菊元漫步記（二）〉，《臺灣藝術新報》第五卷第二號，臺北：臺灣藝術新報社，1939年2月。

影響與延續

村上信彥，《大正期の職業婦人》，東京：ドメス，1984年。

鈴木讓三郎，〈職業婦人と結婚問題〉，《臺灣婦人界》第五卷第五號，臺北：臺灣婦人界社，1938年5月。

圖片出處

本書所刊圖片，全為國立臺灣圖書館館藏，特此說明，謹致謝忱。

半推半就：走出家庭，走入社會

九頁：新光社，《日本地理風俗大系：臺灣篇》，東京：新光社，1931年。

十二頁（上、右下）：名倉喜作，《臺灣銀行四十年誌》，東京：大日本印刷，1939年。

十二頁（左下）：臺灣交通問題調查研究會，《旅と運輸》第六號，臺北：臺灣交通問題調查研究會，1938年1月。

十六頁：臺灣總督府，《臺灣統計圖表》，臺北：臺灣總督府，1911年5月。

十八頁：月海，《臺灣名所》，出版項不詳。

二十三頁：臺北州警務部，《臺北州警察衛生展覽會寫真帖》，臺北：臺北州警務部，1926年。

二十五頁：諸羅城趾社，《諸羅城趾》第一卷第五號，嘉義：諸羅城趾社，1936年8月。

舉手之勞：車掌

三十一頁：井手久男，《臺灣自動車界》第一卷第九號，臺北：臺灣自動車界社，1932年11月。

三十二頁：著者不詳，《臺灣鐵道線路圖》，出版項不詳。

三十三頁：臺灣公論社，《臺灣公論》第二卷第十一號，臺北：臺灣公論社，1937年11月。

三十六頁：勝山吉作，《臺灣紹介最新寫真集》，臺北：勝山寫真館，1931年。

四十頁：井手久男，《臺灣自動車界》第一卷第十號，臺北：臺灣自動車界社，1932年12月。

四十二頁：臺灣自動車界社，《臺灣自動車界》第四卷第四號，臺北：臺灣自動車界社，1935年4月。

四十四頁：牟田万次郎，《臺灣刑務月報》第五卷第一號，臺北：臺灣刑務協會，1939年1月。

四十八頁：井手久男，《臺灣自動車界》第一卷第三號，臺北：臺灣自動車界社，1932年5月。

請多指教：老師

五十六頁：臺灣語學同志會，《臺灣土語叢誌》第六號，臺北：臺灣語學同志會，1900年12月。

五十八頁：著者不詳，《臺灣寫真帖》，出版項不詳。
六十頁：山川朝章，《臺灣風景寫真帖》，臺北：統計時報社，1925年。
六十二頁：著者不詳，《臺灣寫真帖》，出版項不詳。
六十五頁：新竹州，《新竹州時報》一九三九年四月號，新竹：新竹州，1939年4月。

請問幾番：電話接線生

七十九頁：臺灣總督府，《臺灣統計圖表》，臺北：臺灣總督府，1911年5月。
八十一頁：臺灣總督府交通局遞信部，《臺中州電話帖》，臺北：臺灣總督府交通局遞信部，1937年9月。臺灣總督府交通局遞信部，《嘉義電話帖》，臺北：臺灣總督府交通局遞信部，1939年8月。
八十三頁：臺灣軍司令部，《臺灣軍特種演習寫真帖》，臺北：臺北偕行社，1933年。
八十九頁：臺灣警察協會，《臺灣警察協會雜誌》第一三九號，臺北：臺灣警察協會，1929年1月。
九十四頁：羽生國彥，《臺北自動電話開局特輯號》，臺北：臺灣交通產業社，1937年。
九十六頁：臺灣日日新報社，《臺灣日日新報》1931年8月9日，夕刊4版。

一臂之力：產婆

一〇〇頁：山川岩吉，《臺灣大觀》，臺北：臺灣大觀社，1912年。
一〇三頁：臺灣總督府民政部，《臺灣衛生概要》，臺北：臺灣總督府民政部，1913年。
一〇五頁：臺北州警務部，《臺北州警察衛生展覽會寫真帖》，臺北：臺北州警務部，1926年。
一〇八頁（右）：臺灣婦人界社，《臺灣婦人界》一九三四年五月號，臺北：臺灣婦人界社，1934年5月。
一〇八頁（左）：臺灣公論社，《臺灣公論》第一卷第五號，臺北：臺灣公論社，1936年5月。
一一四頁：臺北州警務部，《臺北州警察衛生展覽會寫真帖》，臺北：臺北州警務部，1926年。
一一六頁：臺灣公論社，《臺灣公論》第一卷第一號，臺北：臺灣公論社，1936年1月。

出生入死：護士

一二三頁：臺灣總督府民政部，《臺灣衛生概要》，臺北：臺灣總督府民政部，1913年。
一二四頁：杉浦和作，《臺灣寫真大觀》，臺北：臺灣寫真大觀社，出版年不詳。

一二七頁：勝山寫真館，《臺灣紹介最新寫真集》，臺北：勝山寫真館，出版年不詳。
一二八頁：赤星義雄，《臺灣藝術新報》第四卷第十二號，臺北：臺灣藝術新報社，1938年12月。
一三二頁：著者不詳，《秩父宮雍仁親王殿下臺灣御成寫真帳》，出版項不詳。
一三三頁：勝山寫真館，《臺灣紹介最新寫真集》，臺北：勝山寫真館，出版年不詳。
一三六頁：臺灣公論社，《臺灣公論》一九四二年五月號，臺北：臺灣公論社，1942年5月。

人客來坐：藝妲與女給

一四一頁：安齋源一郎，《臺灣土產寫真帖》，臺北：臺灣週報社，1901年8月。
一四五頁：臺灣拓殖畫帖刊行會，《臺灣拓殖畫帖》，東京：臺灣拓殖畫帖刊行會，1918年1月。
一四七頁：文藝臺灣社，《文藝臺灣》第一卷第一號，臺北：文藝臺灣社，1940年1月。
一五〇頁：小山權太郎，《屏東旗山潮州恆春東港五郡大觀》，臺北：南國寫真大觀社，1933年5月。
一五三頁（右）：臺灣公論社，《臺灣公論》第二卷第七號，臺北：臺灣公論社，1937年7月。
一五三頁（左）：臺灣公論社，《臺灣公論》第一卷第九號，臺北：臺灣公論社，1936年9月。
一五六頁：吉鹿則行，《演藝とキネマ》第三卷第一號，臺北：臺灣演藝娛樂社，1930年9月。
一六一頁：臺灣公論社，《臺灣公論》第二卷第七號，臺北：臺灣公論社，1937年7月。

敲打歲月：女事務員

一六八頁（右）：山川岩吉，《臺灣大觀》，臺北：臺灣大觀社，1912年10月。
一六八頁（左）：名倉喜作，《臺灣銀行四十年誌》，東京：大日本印刷，1939年。
一七一頁：加藤健之助，《臺灣之產業組合》第一二二號，臺北：臺灣產業組合協會，1936年12月。
一七七頁：臺灣遞信協會，《臺灣遞信協會雜誌》第八十二號，臺北：臺灣遞信協會，出版年不詳。
一八〇頁：臺灣遞信協會，《臺灣遞信協會雜誌》第一〇三號，臺北：臺灣遞信協會，出版年不詳。

不留一手：女工

一九二頁：臺灣寫真大觀社，《臺灣寫真大觀》，臺北：臺灣寫真大觀社，1934年。
一九三頁：臺灣寫真大觀社，《臺灣寫真大觀》，臺北：臺灣寫真大觀社，1934年。

一九五頁：臺灣寫真大觀社，《臺灣寫真大觀》，臺北：臺灣寫真大觀社，1934年。
一九七頁：臺灣寫真大觀社，《臺灣寫真大觀》，臺北：臺灣寫真大觀社，1934年。
二〇一頁（右上）：臺灣專賣協會，《臺灣之專賣》第十七卷第六號，臺北：臺灣專賣協會，1938年6月。
二〇一頁（左上）：臺灣專賣協會，《臺灣之專賣》第十六卷第三號，臺北：臺灣專賣協會，1937年3月。
二〇一頁（右下）：臺灣專賣協會，《臺灣之專賣》第二十卷第六號，臺北：臺灣專賣協會，1941年6月。
二〇一頁（左下）：臺灣專賣協會，《臺灣之專賣》第十六卷第十一號，臺北：臺灣專賣協會，1937年11月。
二〇二頁：臺灣寫真大觀社，《臺灣寫真大觀》，臺北：臺灣寫真大觀社，1934年。
二〇四頁（上）：臺灣總督府，《臺灣統計圖表》，臺北：臺灣總督府，1911年5月。
二〇四頁（下）：三井臺灣出張所，《三井の紅茶》，出版項不詳。
二〇九頁（右）：臺北茶商公會，《臺灣之茶業》第二卷第二號，臺北：臺北茶商公會，1918年2月。
二〇九頁（左）：臺灣寫真大觀社，《臺灣寫真大觀》，臺北：臺灣寫真大觀社，1934年。

歡迎光臨：百貨店店員

二一七頁（右上）：臺灣公論社，《臺灣公論》第二卷第一號，臺北：臺灣公論社，1937年1月。
二一七頁（右下）：栗山新造，《林方一君追想錄》，臺南：栗山新造，1933年1月。
二一七頁（左）：赤星義雄，《臺灣藝術新報》第五卷第十二號，臺北：臺灣藝術新報社，1939年12月。
二二三頁：栗山新造，《林方一君追想錄》，臺南：栗山新造，1933年1月。
二二五頁：臺灣公論社，《臺灣公論》第二卷第二號，臺北：臺灣公論社，1937年2月。
二二九頁：田中一二，《實業之臺灣》第十七卷第十二號，臺北：實業之臺灣社，1925年12月。

影響與延續

二三七頁（右）：本西憲勝，《運動と趣味》第二卷第十一號，臺北：臺灣體育獎勵會，1917年11月。
二三七頁（左）：ゆうかり社，《ゆうかり》第十二卷第一號，出版地不詳：ゆうかり社，1932年1月。
二四〇頁（右上）：金關丈夫，《民俗臺灣》第二卷第四號，臺北：東都書籍臺北支店，1942年4月。
二四〇頁（左上）：古賀千代子，《臺灣婦人界》第五卷第四號，臺北：臺灣婦人界社，1938年4月。
二四〇頁（左下）：ゆうかり社，《ゆうかり》第八卷第五號，出版地不詳：ゆうかり社，1928年5月。
二四五頁：赤星義雄，《臺灣藝術新報》第五卷第十二號，臺北：臺灣藝術新報社，1939年12月。

新世紀家庭圖書館

好美麗株式會社：趣談日治時代粉領族

作　　者　蔡蕙頻
企畫選書　陳詠瑜
責任編輯　陳詠瑜
行銷業務　張芝瑜 李宥紳
校　　對　聞若婷
美術設計　Leejun
封面設計　洪伊奇

總 編 輯　謝宜英
顧　　問　陳穎青（老貓）
出 版 者　貓頭鷹出版
發 行 人　涂玉雲
發　　行　英屬蓋曼群島商家庭傳媒股份有限公司城邦分公司
104台北市民生東路二段141號2樓
劃撥帳號　19863813｜戶名　書虫股份有限公司
城邦讀書花園　www.cite.com.tw
購書服務信箱　service@readingclub.com.tw
購書服務專線　02-25007718～9
（週一至週五上午　09:30-12:00；下午13:30-17:00）
24小時傳真專線　02-2500-1990；2500-1991
香港發行所　城邦（香港）出版集團｜電話：852-25086231｜傳真：852-25789337
馬新發行所　城邦（馬新）出版集團｜電話：603-90578822｜傳真：603-90576622
印　　刷　成陽印刷股份有限公司
初　　版　2013年06月
定　　價　新台幣320元｜港幣107元
ISBN　978-986-262-147-9（平裝）

讀者意見信箱　owl@cph.com.tw
貓頭鷹知識網　http://www.owls.tw
歡迎上網訂購；大量團購請洽專線（02）2500-7696轉2729
Printed in Taiwan

國家圖書館出版品預行編目(CIP)資料

好美麗株式會社：趣談日治時代粉領族／蔡蕙頻著. --
初版. -- 臺北市：貓頭鷹出版：家庭傳媒城邦分公司發行, 2013.06
256面；17X22.5公分 ISBN 978-986-262-147-9（平裝）
1.女性勞動者 2.日據時期　　556.54　　102007924